Dr. Ruben Hofmann

Standardfälle Kommunalrecht

11. Auflage 2022

ISBN 978-3-86724-066-6

11. Auflage 2022

© 2022 niederle media

Bezug möglich direkt vom Verlag
niederle media
48341 Altenberge
Fax (02505) 93 98 99
E-Mail: info@niederle-media.de
www.niederle-media.de

Der Inhalt wurde sorgfältig erstellt, bleibt aber ohne Gewähr für Richtigkeit und Vollständigkeit. Nachdruck sowie Verwendung in anderen Medien oder in Seminaren nur mit schriftlicher Genehmigung des Verlags.

▶ Inhalt

▶ Standardfälle Kommunalrecht

Fall 1: *Der Wille des Wählers* 7
- Bürgerbegehren
- Abstimmungsberechtigung von (EU-) Ausländern
- Auslegung der Ausschlusstatbestände des § 26 Abs. 5 GO NW
- Relevanz von wirtschaftlichen Erwägungen
- Auswirkung schuldrechtlicher Verpflichtungen
- Zulässigkeit der Verfolgung mittelbarer Ziele durch Bürgerbegehren

Fall 2: *Ärger mit der Aufsicht* 21
- Versagung einer Genehmigung durch Aufsichtsbehörde
- Präventive Rechtsaufsicht
- Rechtsschutz gegen Versagung
- Kreisumlage
- Prüfungsmaßstab der Aufsicht

Fall 3: *Probleme mit „Würstchen-Willi"* 30
- Kommunalrechtlicher Zulassungsanspruch zu einem Volksfest
- Fortsetzungsfeststellungsklage
- Zuständigkeit des Bürgermeisters für Zulassung
- Verschiedene Konkurrentenklagen

Fall 4: *Turbulenzen in der Ratssitzung* 41
- Ladung zur Ratssitzung
- Hausrecht bei Ratssitzung
- Ausschließungsgründe
- Zulässigkeit von Tonbandaufnahmen

Fall 5: *Der teure Kindergartenplatz*   49
- Kommunale Satzungen
- Gebührenstaffelung
- Rechtmäßigkeit einer Kindergartenbenutzungssatzung
- Grundrechtsprüfung
- Grundzüge Abgabenrecht

Fall 6: *Kindernot in Schoppenhausen*   59
- Selbstverwaltungsrecht der Gemeinde aus Art. 28 Abs. 2 GG
- Aufhebung eines Ratsbeschlusses durch Kommunalaufsicht
- Rechtsmittel gegen Aufhebung

Fall 7: *Die Kunst der Yanomami*   66
- Grundlagen des Kommunalverfassungsstreits
- Anwendbarkeit von Art. 5 Abs. 1 GG auf Ratsmitglieder
- Antragsrecht eines Einzelnen

Fall 8: *Das subventionierte Fitnessstudio*   75
- Wirtschaftliche Betätigung der Gemeinde
- Anwendbarkeit des UWG im Gemeindewirtschaftsrecht
- Pflicht der Gemeinde zum wirtschaftlichen Handeln
- Rechtmäßigkeit von Nebengeschäften

Fall 9: *Der umtriebige Bürgermeister*   83
- Vertretung der Gemeinde nach Außen
- Haftung der Gemeinde für deliktisches Handeln ihrer Organe
- Rechtsgeschäftliche Verpflichtung der Gemeinde
- Genehmigung durch Aufsichtsbehörde

Fall 10: *Rauswurf aus der Fraktion*   90
- Rechtsschutz gegen Ausschließung aus der Fraktion
- Reform von § 56 GO NRW
- Eilrechtsschutz
- Anforderungen an wichtige Gründe für Fraktionsausschluss

▶ Vorwort

Dieses Fallbuch ist gedacht als Einführung in klausurtypische Kommunalrechtsfälle, die nach der GO NRW gelöst werden.

Die meisten der behandelten Fälle, z.B. der „Kommunalverfassungsstreit" oder der „Volksfest-Fall" könnten sich aber genau so in jedem anderen Bundesland abspielen, ohne dass der Fall-Aufbau und die Fall-Problematik sich ändern würden. Daher sind an den zentralen Stellen die **Parallel-Normen der übrigen Bundesländer** gelistet.

Der Name **niederle media** steht für Skripten, die zu einem großen Teil von Autoren mit mehrjähriger Lehr-Erfahrung als Hochschullehrer oder AG-Leiter verfasst wurden und die

- klausurrelevante Themen *kompakt* darstellen,
- meist in 1-2 Tagen und demnach *zeitsparend* durchgearbeitet werden können,
- so *verständlich* sind, dass auch Anfänger damit regelmäßig auf Anhieb klarkommen,
- *Fallbeispiele*, *Übersichten* und *Schemata* enthalten,
- sehr *erschwinglich* sind (ab 7,90 €).

Aufgrund dieser Eigenschaften sind unsere Skripten hervorragend geeignet für den ersten, unkomplizierten Einstieg in die Materie oder für eine schnelle Wiederholung kurz vor der Prüfung. Dafür drücke ich schon jetzt ganz fest die Daumen,

Jan Niederle

▶ Unsere 📖 Skripten 🗂 Karteikarten 🔊 Hörbücher

Zivilrecht

- 📖 Standardfälle Zivilrecht f. Anfänger (BGB AT+Kaufrecht)
- 📖 🔊 Standardfälle **BGB AT**
- 📖 🔊 Standardfälle **Schuldrecht**
- 📖 🔊 Standardfälle **Ges. Schuldverhältn.**, §§ 677,812,823
- 📖 🔊 Standardfälle **Sachenrecht** (Mobiliar+Immobiliar)
- 📖 🔊 Standardfälle **Familien- und Erbrecht**
- 📖 🔊 Basiswissen **BGB AT** (Frage-Antwort)
- 📖 🔊 Basiswissen **Schuldrecht AT** (Frage-Antwort)
- 📖 🔊 Basiswissen **Schuldrecht BT** (Frage-Antwort)
- 📖 🔊 Basiswissen **Sachenrecht** (Frage-Antwort)
- 🔊 Basiswissen **Familienrecht** (Frage-Antwort)
- 🔊 Basiswissen **Erbrecht** (Frage-Antwort)
- 📖 Einführung in das **Bürgerliche Recht** (für Anfänger)
- 📖 Studienbuch **BGB AT**
- 📖 Studienbuch **Schuldrecht AT**
- 📖 Einführung **Schuldrecht BT 1** - §§ 437, 536, 634, 670 ff.
- 📖 Einführung **Schuldrecht BT 2** - §§ 812, 823, 765 ff.
- 📖 Einführung **Sachenrecht 1** – Mobiliarsachenrecht
- 📖 Einführung **Sachenrecht 2** – Immobiliarsachenrecht
- 📖 Einführung **Familienrecht**
- 📖 Einführung **Erbrecht**
- 📖 🔊 **Definitionen** für die Zivilrechtsklausur

Strafrecht

- 📖 Standardfälle **Band 1:** für Anfänger
- 📖 Standardfälle **Band 2:** für Fortgeschrittene
- 📖 🔊 Standardfälle **Strafrecht AT** (für Anfänger)
- 📖 🔊 Basiswissen **Strafrecht AT** (Frage-Antwort)
- 📖 🔊 Basiswissen **Strafrecht BT 1** (Frage-Antwort)
- 📖 🔊 Basiswissen **Strafrecht BT 2** (Frage-Antwort)
- 📖 Einführung **Strafrecht AT**
- 📖 Einführung **Strafrecht BT 1** – Vermögensdelikte
- 📖 Einführung **Strafrecht BT 2** – Nichtvermögensdelikte
- 📖 🔊 **Definitionen** für die Strafrechtsklausur

Öffentliches Recht

- 📖 Standardfälle **Staatsrecht 1** – Staatsorganisationsrecht
- 📖 Standardfälle **Staatsrecht 2** – Grundrechte
- 📖 🔊 Standardfälle f. **Anfänger** (StaatsorgaR u. GrundR)
- 📖 Standardfälle **Verwaltungsrecht AT**
- 📖 Standardfälle **Polizei- und Ordnungsrecht**
- 📖 Standardfälle **Baurecht**
- 📖 Standardfälle **Europarecht**
- 📖 Standardfälle **Kommunalrecht**
- 📖 🔊 Basiswissen **StaatsR 1** – StaatsorgaR (Frage-Antwort)
- 📖 🔊 Basiswissen **StaatsR 2** – Grundrechte (Frage-Antwort)
- 📖 Basiswissen **Verwaltungsrecht AT** (Frage-Antwort)
- 📖 Studienbuch **Staatsorganisationsrecht**
- 📖 Studienbuch **Grundrechte**
- 📖 Studienbuch **Verwaltungsrecht AT**
- 📖 Studienbuch **Europarecht**
- 🔊 Hörbuch Basiswissen **Europarecht**
- 📖 Studienbuch **Staatshaftungsrecht**
- 📖 **Verwaltungsrecht AT 1** – VwVfG
- 📖 **Verwaltungsrecht AT 2** – VwGO
- 📖 **Verwaltungsrecht BT 1** – Polizei und Ordnungsrecht
- 📖 **Verwaltungsrecht BT 2** – Baurecht
- 📖 **Verwaltungsrecht BT 3** – Umweltrecht
- 📖 🔊 **Definitionen** Öffentliches Recht

Sozialrecht

- 📖 Einführung **Sozialrecht**

Nebengebiete

- 📖 Standardfälle **ZPO**
- 📖 🔊 Standardfälle **Handels- & Gesellschaftsrecht**
- 📖 🔊 Standardfälle **Arbeitsrecht**
- 📖 🔊 Basiswissen **Handelsrecht** (Frage-Antwort)
- 📖 🔊 Basiswissen **Gesellschaftsrecht** (Frage-Antwort)
- 📖 🔊 Basiswissen **StPO** (Frage-Antwort)
- 📖 🔊 Basiswissen **ZPO** (Frage-Antwort)
- 📖 Einführung **Handelsrecht**
- 📖 Einführung **Gesellschaftsrecht**
- 📖 Einführung **Arbeitsrecht**
- 📖 Einführung **Kollektives Arbeitsrecht**
- 📖 Einführung **ZPO I** - Erkenntnisverfahren
- 📖 Einführung **ZPO II** – Zwangsvollstreckung
- 📖 Einführung **StPO** - Strafprozessordnung
- 📖 Einführung **IPR** - Internationales Privatrecht
- 📖 Standardfälle **IPR** - Internationales Privatrecht
- 📖 Einführung **Insolvenzrecht**
- 📖 **Gewerblicher Rechtsschutz & Urheberrecht**
- 📖 Einführung **Wettbewerbsrecht**
- 📖 Einführung **Sportrecht**

Karteikarten

- 🗂 **Grundlagen des Zivilrechts**
- 🗂 **BGB Allgemeiner Teil**
- 🗂 **Schuldrecht BT** (§§ 433, 535, 631, 812, 823)
- 🗂 **Schemata Zivilrecht** (AT, SchuldR, SachR, FamR)
- 🗂 **Strafrecht AT**
- 🗂 **Strafrecht BT 1**
- 🗂 **Strafrecht BT 2**
- 🗂 **Streitfragen Strafrecht**
- 🗂 **Staatsorganisationsrecht**
- 🗂 **Grundrechte**
- 🗂 **Verwaltungsrecht AT**
- 🗂 **Schemata Öffentliches Recht**

Die wichtigsten Schemata

- 📖 **Band 1:** Zivilrecht, Strafrecht, Öffentliches Recht
- 📖 **Band 2:** Arbeitsrecht, Handelsrecht, Gesellschaftsrecht, StPO, ZPO

Ratgeber Jurastudium

- 📖 Ratgeber **500 Spezial-Tipps für Juristen** - Wie man geschickt durchs Studium und das Examen kommt

BWL

- 📖 Einführung in die **Betriebswirtschaftslehre**
- 📖 **Organisationsgestaltung & -entwicklung**
- 📖 **Fallstudien** Organisationsgestaltung & -entwicklung
- 📖 **Internationales Management**
- 📖 Wie gelingt meine wiss. **Abschlussarbeit**?
- 📖 **Medienwirtschaft für Mediengestalter**

Assessorexamen

- 📖 **Der Aktenvortrag im Strafrecht**
- 📖 **Der Aktenvortrag im Zivilrecht**
- 📖 **Staatsanwaltl. Sitzungsdienst & Plädoyer**

Irrtümer und Änderungen vorbehalten!

🔊 bedeutet: auch als **Hörbuch** lieferbar!

Bei **niederle-media.de** bestellte Bücher treffen idR *nach 1-2 Werktagen* ein!

Fall 1: Der Wille des Wählers

▸ **Autoren:** Dr. Ruben Hofmann & Nikolai Oehms

▸ **Standort:** Bürgerbegehren, Abstimmungsberechtigung von (EU-) Ausländern, unvollständige Angaben der Unterschriftenliste, Auslegung der Ausschlusstatbestände des § 26 Abs. 5 GO NRW, Relevanz von wirtschaftlichen Erwägungen; Auswirkung schuldrechtlicher Verpflichtungen, Zulässigkeit der Verfolgung mittelbarer Ziele durch Bürgerbegehren.

> In der Gemeinde G leben 29.200 Einwohner, von denen 21.500 wahlberechtigt sind. Die Menschen in G schätzen die Ruhe und Beschaulichkeit des kleinen Ortes und sind froh, dass es nicht so laut und stressig wie in der unweit gelegenen Landeshauptstadt D zugeht. Eines der Symbole der Beschaulichkeit des Ortes ist der alte Friedhof „Am Bach", der gerne von Spaziergängern besucht wird. Direkt neben dem Friedhof „Am Bach" befindet sich ein Parkplatz und ungenutztes Ackerland. Hierfür existiert bislang weder ein Flächennutzungs- noch ein Bebauungsplan. Sowohl der Friedhof als auch der Parkplatz und das Ackerland stehen im Eigentum von G.
>
> Die Idylle in G wird bedroht, als der Immobilienspekulant I an den Rat von G herantritt und den Wunsch äußert, eine Shopping-Mall nach amerikanischem Vorbild zu errichten. Diese soll Platz für 25 Geschäfte, einen großen Parkplatz für 500 PKW sowie mehrere Gastronomiebetriebe bieten. Dieser Vorschlag wird von der großen Mehrheit der Einwohner von G abgelehnt, während der Rat sich interessiert zeigt. Dies liegt nicht zuletzt daran, dass es um die Finanzen der Gemeinde nicht zum Besten bestellt ist und man daher im Rat der Ansicht ist, dass eine solche Shopping-Mall endlich Geld in die leeren Kassen spülen würde.
>
> Panik bricht unter den Einwohnern von G aus, als bekannt wird, dass I für seine Shopping-Mall das Gelände neben dem Friedhof „Am Bach" ins Auge gefasst hat. I plant zwar, den Friedhof unbehelligt zu lassen, möchte jedoch auf dem Gelände des Parkplatzes und des Ackerlandes die Anlage errichten. Die Vorstellung, dass durch den zu erwartenden Baulärm und den Verkehr nach Fertigstellung der Shopping-Mall die Idylle auf dem Friedhof unwiderruflich zerstört wird, ist das Gesprächsthema Nummer 1 in G.

Daher bildet sich unter den Einwohnern die Initiative „Rette den Friedhof", welche vor allem von dem rüstigen Frührentner R angetrieben wird. R verteilt Flugblätter, schreibt Leserbriefe an die Stadt und veranstaltet Infostände, um auf sein Anliegen aufmerksam zu machen. Währenddessen beschließt der Rat, die Grundstücke „Acker" und „Parkplatz" an I zu verkaufen und einen entsprechenden Bebauungsplan zu erlassen, der die Errichtung der Shopping-Mall vorsieht. Der Beschluss wird am 15.10.2021 bekanntgegeben.

R beginnt unmittelbar nach dem Beschluss Unterschriften in der Gemeinde zu sammeln, um einen Bürgerentscheid zu veranlassen. Dabei lautet das Begehren der Initiative, dass die Gelände „Acker" und „Parkplatz" nicht an I verkauft werden sollen. Den Antrag begründet er damit, dass die Einwohner von G den Friedhof in seiner jetzigen Form behalten wollten und eine Shopping-Mall nicht erwünscht wäre. R gelingt es, insgesamt 2036 Unterschriften zu sammeln. Von den abgegebenen Unterschriften stammen 300 von EU-Ausländern, 200 von Nicht-EU-Ausländern und der Rest von deutschen Einwohnern. Zudem fehlen bei 130 aller abgegebenen Unterschriften vereinzelt Angaben. Die Unterzeichner sind nach eingehender Prüfung als wahlberechtigte Einwohner der Gemeinde G zuzuordnen. R legt zusammen mit seinen Freunden F und K als Vertreter der Unterzeichner dem Rat das Bürgerbegehren am 05.11.2021 schriftlich vor.

Drei Wochen, nachdem der Antrag des Bürgerbegehrens bei der Stadt eingegangen ist, wird ein Kaufvertrag betreffend die Grundstücke „Acker" und „Parkplatz" wirksam unterzeichnet, wobei der Kaufvertrag unter die Bedingung gestellt wird, dass der geplante Bebauungsplanentwurf unverändert realisiert wird. Zu einer dinglichen Änderung der Rechtslage kommt es jedoch noch nicht.

Der Rat ist der Ansicht, dass das Bürgerbegehren bereits unzulässig sei, da es sich thematisch um Bauplanung handele, in die sich der Bürger nicht einmischen dürfe. R solle einmal die Gemeindeordnung aufmerksam lesen. Auch sei die Realisierung des Projekts Shopping-Mall die einzige Möglichkeit, die wirtschaftlichen Probleme der Gemeinde zu beseitigen. R könne doch nicht ernsthaft wollen, dass die Gemeinde wegen eines Friedhofs auf die zu erwartenden hohen Einnahmen verzichte. Denn letztlich sei doch das einzige Ziel des Bürgerbegehrens, den Bau zu verhindern. Wem die Gelände „Acker" und „Parkplatz" gehörten, wäre den Bürgern doch egal. Schließlich habe G ohnehin nun einen Vertrag geschlossen, so dass das Bürgerbegehren obsolet sei. Denn auch bei Verträgen mit Gemeinden habe der Grundsatz „pacta sunt servanda" Geltung.

Wird das Bürgerbegehren erfolgreich sein? Auf eine Zulässigkeit des Bauvorhabens gem. §§ 31 ff. BauGB ist nicht einzugehen.

I. Anspruchsgrundlage
II. Tatbestandsvoraussetzungen
 1. Ratszuständigkeit (+)
 a) Verbandskompetenz (+)
 b) Organkompetenz (+)
 c) Zwischenergebnis
 2. Form (+)
 a) Schriftform
 b) Zulässige Fragestellung
 c) Begründung
 d) Zwischenergebnis
 3. Kostenschätzung (+)
 4. Ausschlussfrist (+)
 5. Einleitungsquorum und Unterschriftenliste (+)
 a) Abstimmungsberechtigung von (EU-) Ausländern
 b) Stimmberücksichtigung bei Fehlen von Angaben
 c) Zwischenergebnis
 6. Vertretungsberechtigte Personen (+)
 7. Kein Ausschlussgrund
 a) Verstoß gegen § 26 Abs. 5 Nr. 3 GO NRW (-)
 b) Verstoß gegen § 26 Abs. 5 Nr. 5 GO NRW (-)
 aa) Wortlaut
 bb) Systematische Auslegung
 cc) Teleologische Auslegung
 dd) Zwischenergebnis
 c) Verstoß wegen mittelbarer Ziele (-)
III. Ergebnis

Vorüberlegung: Zum Verständnis der Fallkonstellation ist es notwendig, sich sorgfältig mit der vorliegenden Terminologie auseinanderzusetzen. § 21 GO NRW differenziert zwischen dem *Einwohner* (Abs. 1) und dem *Bürger* (Abs. 2) einer Gemeinde. Diese Unterscheidung ist maßgeblich für die zur Verfügung stehenden Beteiligungsformen (Prinzip der direkten Demokratie). Es gibt beispielsweise die Möglichkeit eines Einwohnerantrags (§ 25 GO NRW), bei dem die Einwohner beantragen können, dass der Rat über Angelegenheiten, die in seine Zuständigkeit fallen, entscheidet.[1]

Größere Klausurrelevanz kommt dem *Bürgerbegehren* (§ 26 GO NRW) zu.[2] Hier ist zwischen dem *Bürgerbegehren* und dem *Bürgerentscheid* (§ 26 Abs. 1 GO NRW, lesen!) zu unterscheiden. Auch wenn ein *Bürgerbegehren* erfolgreich ist, bedeutet das nämlich noch nicht, dass in der Folge auch tatsächlich die gewünschte Entscheidung gefällt wird. Vielmehr ist das Ergebnis eines erfolgreichen *Bürgerbegehrens*, dass den Bürgern die Möglichkeit eingeräumt wird, eine Entscheidung statt des Rates treffen zu können. Diese endgültige Entscheidung über eine Angelegenheit wird dann abschließend durch den *Bürgerentscheid* getroffen. Der Ablauf eines Bürgerentscheids ergibt sich aus § 26 Abs. 7, 8 GO NRW. Daneben besteht für den Rat auch die Möglichkeit, sich den *Bürgerentscheid* durch einen sogenannten *Ratsbürgerentscheid* (§ 26 Abs. 1 S. 2 GO NRW) zu eigen zu machen. Dann wird ein *Bürgerbegehren* obsolet. Auch die Kreisordnung kennt *Bürgerbegehren* und -entscheid (§ 23 KrO NRW).

Im vorliegenden Fall muss die Zulässigkeit des Bürgerbegehrens ohne prozessualen Einstieg geprüft werden. Entscheidend für eine gute Lösung ist es, anhand der Hinweise im Sachverhalt die relevanten Probleme sowie Ausschlusstatbestände des § 26 Abs. 5 GO NRW aufzufinden, diese sauber auszulegen und zu subsumieren.

---

[1] Weitere Beteiligungsformen der Einwohner (auch Bürger):
vgl. §§ 22, 23, 24, 28 Abs. 1, 48 Abs. 1 S. 1, 58 Abs. 4 GO NRW.
[2] Weitere ausschließliche Beteiligungsformen der Bürger:
vgl. §§ 28 Abs. 2, 42 Abs. 1, 58 Abs. 3 S. 1, 65, 66 GO NRW

Das Bürgerbegehren hat Erfolg, wenn die Voraussetzungen des § 26 GO NRW erfüllt sind.

I. Anspruchsgrundlage

Die Anspruchsgrundlage für ein Bürgerbegehren findet sich in § 26 Abs. 1 GO NRW[3]. Das Bürgerbegehren müsste „zulässig" im Sinne des § 26 Abs. 6 S. 1 GO NRW sein.

> **Aufbauhinweis:** Hier wird keine Behörde zum Handeln ermächtigt, sondern dem Bürger ein Anspruch auf die Beteiligungsform des Bürgerbegehrens eingeräumt, weshalb es sich bei § 26 Abs. 1 GO NRW um eine *Anspruchsgrundlage* handelt. Ferner entspricht zwar die Unterscheidung zwischen *formeller* und *materieller Rechtmäßigkeit* dem üblichen Schema im Verwaltungsrecht, jedoch wird diese Einteilung im Falle eines Bürgerbegehrens als nicht zweckmäßig abgelehnt.[4]
>
> Zunächst gestaltet es sich bereits als schwierig, die verschiedenen Voraussetzungen des § 26 GO NRW in *formelle* als auch *materielle Rechtmäßigkeitsvoraussetzungen* zu unterteilen, zum anderen hätte ein Verstoß gegen eine formelle oder materielle Voraussetzung keine differenzierte Rechtsfolge. In beiden Fällen wäre das Bürgerbegehren schlichtweg unzulässig. Zusätzlich kann hier im Rahmen der Begründetheit einer Klage ausnahmsweise von der „Zulässigkeit" des Bürgerbegehrens gesprochen werden, da das Gesetz die gleiche Terminologie verwendet, vgl. § 26 Abs. 5, 6 GO NRW. Die weitere tatbestandliche Prüfung erweist sich als nicht weiter schwierig, da lediglich der § 26 GO stringent abgeprüft wird. Die oben aufgezählten Besonderheiten müssen für die Fallbearbeitung jedoch zwingend berücksichtigt werden.

---

[3] Regelungen bezüglich des Bürgerbegehrens finden sich in den weiteren Bundesländern in: § 21 GemO **BaWü**; Art. 18a **BayGO**; § 15 **BbgKVerf**; § 32 **NKomVG**; § 8b **HGO**; § 17a GO **RhPflz**; § 25 **SächsGemO**; § 17 **ThürKO**; § 16g **GO SchleswHol**; § 21a **KSVG**; § 26 **KVG LSA**; § 20 **KV MV**.

[4] *Goos*, NWVBl. 2006, 113 (118 f.); a.A. *Ritgen*, NWVBl. 2008 87 (88)

II. Tatbestandsvoraussetzungen

1. Ratszuständigkeit

Nach § 26 Abs. 1 S. 1 GO NRW können die Bürger beantragen, dass sie an Stelle des Rates über eine Angelegenheit der Gemeinde selbst entscheiden. Bezüglich dieser Angelegenheit muss der Rat demnach die nötigen Kompetenzen innehaben.

a) Verbandskompetenz

Der Parkplatz und ungenutztes Ackerland neben dem Friedhof „Am Bach" liegt innerhalb des Wirkungsgebietes der Gemeinde, vgl. § 2 GO NRW. Es handelt sich folglich um eine Angelegenheit der örtlichen Gemeinde im Sinne der Art. 28 Abs. 2 S. 1 GG, § 2 GO NRW. Die Verbandskompetenz der Gemeinde liegt vor.

b) Organkompetenz

Ferner muss der Rat auch das zuständige Organ in der Gemeinde sein. Nach § 41 Abs. 1 S. 1 GO NRW ist dieser grundsätzlich für alle Angelegenheiten zuständig. Eine spezialgesetzliche Regelung durch die GO NRW ist nicht ersichtlich. Zudem stellt die Angelegenheit kein Geschäft der laufenden Verwaltung dar, vgl. § 41 Abs. 3 GO NRW.

2. Form

Es müsste sich um einen formgerechten Antrag handeln, § 26 Abs. 1, 2 GO NRW.

a) Schriftform

Das Bürgerbegehren müsste schriftlich eingereicht worden sein, § 26 Abs. 2 S. 1 GO NRW. Dies ist der Fall.

b) Zulässige Fragestellung

Das Bürgerbegehren ist ferner nur dann zulässig, wenn es eine zur Entscheidung zu bringende Frage enthält, die mit „Ja" oder „Nein" zu beantworten ist, vgl. § 26 Abs. 7 S. 1 GO NRW. Das Bürgerbegehren enthielt jedoch den Antrag, dass die Gelände

„Acker" und „Parkplatz" nicht an I verkauft werden. Dies ist keine Frage, die mit „Ja" oder „Nein" beantwortet werden kann, sondern eine Forderung bzw. eine Bitte.

Die formalen Anforderungen an die Fragestellung in einem Bürgerbegehren dürfen jedoch nicht zu streng bewertet werden. Als unmittelbares Element plebiszitärer Demokratie soll das Bürgerbegehren nämlich den Einwohnern ermöglichen, sich selbst und direkt an den Entscheidungen des Rates zu beteiligen. Dieser Zweck würde durch eine strenge Auslegung des § 26 Abs. 7 S. 1 GO NRW konterkariert. Daher gebieten es Sinn und Zweck der Norm (teleologische Auslegung), die Anforderungen an die Frage weit zu verstehen.

Ausreichend ist es daher, wenn aus dem Antrag die zur Entscheidung zu bringende Frage mit hinreichender Sicherheit und Klarheit durch Auslegung ermittelt werden kann und die potentiellen Unterzeichner des Bürgerbegehrens erkennen können, wofür sie ihre Unterschrift leisten. Im vorliegenden Fall geht es erkennbar darum, dass die Gelände „Acker" und „Parkplatz" nicht verkauft werden sollen. Daher ist auch die Anforderung der zulässigen Fragestellung erfüllt.

c) Begründung

Nach § 26 Abs. 2 S. 1 GO NRW muss das Bürgerbegehren auch begründet sein. Vorliegend wurde angegeben, dass der Friedhof in seinem jetzigen Zustand erhalten bleiben solle und der Bau einer Shopping-Mall abgelehnt wird. Insoweit sind die Anforderungen an eine Begründung erfüllt.

d) Zwischenergebnis

Der Antrag des R erfüllt die Formanforderungen des § 26 Abs. 1, 2 GO NRW.

3. Kostenschätzung

Ein nach § 26 Abs. 2 S. 5-6 GO NRW erforderlicher Kostendeckungsvorschlag war in dem Bürgerbegehren jedoch nicht enthalten. Allerdings ist davon auszugehen, dass die Entscheidung, ein Grundstück nicht zu verkaufen, keine Kosten nach sich zieht.

Daher war ein entsprechender Kostendeckungsvorschlag entbehrlich.

4. Ausschlussfrist

In Abgrenzung zu einem sog. initiierenden Bürgerbegehren, welches gegenüber dem Rat eine neue Frage aufwirft, richtet sich das Begehren des R gegen den bereits erlassenen Beschluss des Rates vom 15.10.2021. Im Falle eines solchen kassatorischen Begehrens ist die Wahrung einer Frist von sechs Wochen zu wahren, § 26 Abs. 3 S. 1 GO. Das Begehren ist fristgerecht eingereicht worden.

5. Einleitungsquorum und Unterschriftenliste

Schließlich müsste das Bürgerbegehren auch von der erforderlichen Anzahl von Bürgern unterzeichnet worden sein. Die genauen Anforderungen ergeben sich aus § 26 Abs. 4 S. 1 GO NRW.

> Die terminologische Unterscheidung zwischen dem Einwohner und dem Bürger einer Gemeinde (vgl. 21 GO NRW) ist hier von entscheidender Bedeutung, da sich an dieser Stelle ein beachtliches Fehlerpotenzial verbirgt.
> Bitte beachten: Das Quorum berechnet sich anhand der *Einwohner*zahl einer Gemeinde. Die notwendige Anzahl von Stimmen ergibt sich jedoch ausschließlich durch die Stimmabgabe der *Bürger*.

Die Gemeinde G hat 29.200 Einwohner. Gemäß § 26 Abs. 4 GO NRW ist bei Gemeinden mit bis zu 30.000 Einwohnern das Bürgerbegehren von 8% der Bürger zu unterzeichnen. Bei 21.500 Bürgern der Gemeinde G ergibt sich ein notwendiges Quorum von 1.720 Stimmen (8% von 21.500), damit das Begehren die Erfordernisse des § 26 Abs. 4 GO NRW erfüllt. Dem eingereichten Begehren des R liegen 2.036 Stimmen zugrunde. Im Ergebnis wurden 316 Stimmen mehr abgegeben.

a) Abstimmungsberechtigung von (EU-) Ausländern

Fraglich ist jedoch, ob die Stimmen der ausländischen Bewohner berücksichtigt werden können. Sollten die 300 Stimmen der EU-Ausländer und die 200 Stimmen der Nicht-EU-Ausländer nicht hinzugerechnet werden können, würde das Begehren – abzüglich dieser Stimmen – scheitern (1.536 Stimmen von erforderlichen 1.720 Stimmen).

Eine Ansicht lehnt unter Maßgabe des Art. 20 Abs. 2 GG (Prinzip der Volkssouveränität) die Stimmberechtigung für Ausländer gänzlich ab. In diesem Zusammenhang seien nach Art. 116 Abs. 1 GG unter dem Terminus „Volk" ausschließlich die deutschen Staatsangehörigen zu fassen. Da folglich die verfassungsmäßige Ordnung in den Ländern gem. Art. 20 Abs. 1 S. 1 GG den Grundsätzen des republikanischen, demokratischen und sozialen Rechtsstaates zu entsprechen habe, gelten die angeführten Argumente auch für kommunale Abstimmungen. Ferner seien nach dem Wortlaut des Art. 28 Abs. 1 S. 3 GG die EU-Ausländer zwar zur Teilnahme an den „Wahlen" in Kreisen und Gemeinden berechtigt, jedoch seien „Abstimmungen" – wie im Falle eines Bürgerbegehrens – wörtlich nicht umfasst. Nach dieser Ansicht wäre das Begehren mit lediglich 1.536 Stimmen gescheitert.

Eine andere Ansicht hält dem entgegen, dass Art. 28 Abs. 1 S. 3 GG dem Wortlaut nach auf europäisches Recht verweist. In diesem Zusammenhang komme insbesondere Art. 22 Abs. 1 AEUV besondere Beachtung zu, wonach jeder Unionsbürger mit Wohnsitz in einem Mitgliedstaat, dessen Staatsangehörigkeit er nicht besitzt, das aktive und passive Wahlrecht bei Kommunalwahlen innehabe. Es liege insofern eine Erweiterung des Prinzips der Volkssouveränität aus Art. 20 Abs. 2 GG auf kommunaler Ebene vor. Hinter der Nichtberücksichtigung des Terminus „Abstimmungen" verberge sich eine Ungenauigkeit des Gesetzgebers. EU-Ausländer seien ohne jeden Zweifel abstimmungsberechtigt. Nach dieser Argumentation seien zumindest die Stimmen der EU-Ausländer zu berücksichtigen und das Begehren des K würde den Anforderungen des § 26 Abs. 4 GO NRW mit 1.836 Stimmen gerecht werden.

Beide Ansichten führen zu unterschiedlichen Ergebnissen und sind für die weitere Bearbeitung von beachtlicher Bedeutung.

Daher ist ein Streitentscheid erforderlich. Für die zweite Ansicht spricht zunächst, dass § 26 GO NRW an die Eigenschaft des Bürgers anknüpft. Diese begründet sich ihrerseits durch die Wahlberechtigung des Bewohners. Diesbezüglich knüpft § 7 KWahlG maßgeblich an das Merkmal des Wohnsitzes an. Zwar wird auch im Zusammenhang von § 7 KWahlG auf kommunaler Ebene von „Wahlen" gesprochen, jedoch kann hier ein „Erst-recht-Schluss" (lat.: a maiore ad minus) herangezogen werden: Wer bereits zur Teilnahme an Wahlen berechtigt ist, muss erst recht an Abstimmungen teilnehmen dürfen.

EU-Ausländer mit entsprechender Staatsangehörigkeit und unter Maßgabe der weiteren Voraussetzungen aus § 7 KWahlG (Vollendung des sechzehnten Lebensjahrs, Innehaben des Wohnsitzes seit dem 16. Tag vor der Wahl/Abstimmung) sind zweifelsfrei abstimmungsberechtigt. Dies gilt jedoch nicht für ausländische Bewohner ohne entsprechende EU-Staatsangehörigkeit.

Im Ergebnis hat das eingereichte Begehren des K demzufolge 1.836 Stimmen vorzuweisen.

b) Stimmberücksichtigung bei Fehlen von Angaben

In Ermangelung von Angaben des Sachverhalts ist die Richtigkeit der Unterschriftenliste nach § 26 Abs. 4 S. 3 i.V.m. § 25 Abs. 4 GO NRW anzunehmen.

Problematisch erscheint jedoch die Tatsache, dass bei 130 der Stimmen vereinzelt Angaben fehlen. Nach Maßgabe des § 25 Abs. 4 GO NRW müssen die Eintragungen die Person zweifelsfrei erkennen lassen. Hiernach wären die Stimmen als ungültig anzusehen und das Begehren wäre im Ergebnis gescheitert (1.836 − 130 = 1.706 Stimmen von erforderlichen 1.720 Stimmen).

Nach derzeitiger Rspr.[5] ist das Fehlen einzelner Angaben erst dann von Relevanz, wenn sich die jeweilige Person nicht mehr zweifelsfrei identifizieren lässt. Im Umkehrschluss kann auf die Vollständigkeit der Angaben nicht abschließend abgestellt werden. Selbst beim Vorliegen sämtlicher Angaben können diese unter Umständen der dahinterstehenden Person nicht zugeordnet

---

[5] OVG Nordrhein-Westfalen, 01.08.2013 - 15 B 584/13; *DÖV* 2013, 909

werden. Zudem ist die Gemeinde zur Prüfung der Angaben und derer Zuordnung im Zweifelsfall verpflichtet, § 25 Abs. 4 S. 3 GO NRW.

Laut Sachverhalt handelt es sich bei den 130 Stimmen um wahlberechtigte Einwohner. Die Angaben sind durch die Gemeinde G zuzuordnen. Somit sind die Stimmen als gültig anzusehen.

c) Zwischenergebnis

Somit weist das eingereichte Begehren des K 1.836 Stimmen auf und genügt den Anforderungen des § 26 Abs. 4 GO NRW.

6. Vertretungsberechtigte Personen

R und seine Freunde F und K wurden als vertretungsberechtigte Personen angegeben, womit die gem. § 26 Abs. 2 S. 2 GO NRW erforderlichen Personen angegeben wurden.

7. Kein Ausschlussgrund

Der Negativkatalog aus § 26 Abs. 5 S. 1 Nr. 1 – 5 NRW GO listet abschließend jene Angelegenheiten auf, die nicht Gegenstand eines Bürgergehrens sein können.

1. Verstoß gegen § 26 Abs. 5 Nr. 5 GO NRW

Dies könnte zunächst wegen eines Verstoßes gegen § 26 Abs. 5 Nr. 5 GO NRW fraglich sein. Hiernach ist bei der „Aufstellung, Änderung, Ergänzung und Aufhebung von Bauleitplänen" die Durchführung eines Bürgerbegehrens ausgeschlossen.

Zu prüfen ist, ob es sich vorliegend um die Aufstellung eines Bauleitplans handelt. Nach dem Text des Bürgerbegehrens soll darüber entschieden werden, ob ein städtisches Grundstück im Eigentum der Stadt verbleiben soll. Es ist also keine Entscheidung über eine Bauleitplanung beantragt. Jedoch wurde im Rat bereits darüber diskutiert, einen entsprechenden Bebauungsplan zu erlassen.

Das Verfahren über den Erlass des Bebauungsplans könnte aufgrund des Bürgerbegehrens ausgeschlossen werden. Durch das vorliegende Bürgerbegehren wird der Rat jedoch nicht daran gehindert, die Bauplanung weiterzuverfolgen. Betroffen wäre die eingeleitete Bauleitplanung, wenn sie im beabsichtigten Sinne zum Abschluss gebracht würde, allein in ihrer Verwirklichung. Denkbar wäre es aber, § 26 Abs. 5 Nr. 5 GO NRW weit in dem Sinne auszulegen, dass hiervon bereits Entscheidungen erfasst werden, die der Verwirklichung einer in Gang gesetzten Bauleitplanung entgegenstehen. Ob dies möglich ist, ist durch Auslegung der Norm zu bestimmen.

a) Wortlaut

Jede Auslegung beginnt mit dem Wortlaut der Norm. Fraglich ist daher, ob dem Wortlaut entnommen werden kann, dass die Norm weit auszulegen ist. Da der Wortlaut diesbezüglich neutral ist, ist die Wortlautauslegung wenig hilfreich. Daher ist auf weitere Auslegungsmethoden zurückzugreifen.

b) Systematische Auslegung

Vorliegend kann als systematisches Argument § 26 Abs. 5 Nr. 4 GO NRW herangezogen werden. Hierbei handelt es sich um einen vergleichbaren Ausschlustatbestand, der das Planfeststellungsverfahren, förmliche Verwaltungsverfahren mit Öffentlichkeitsbeteiligung und bestimmte Zulassungsverfahren erfasst. Das Gesetz schließt nicht etwa nur Entscheidungen in diesen Verfahrensarten vom Bürgerbegehren aus, sondern "Angelegenheiten, die im Rahmen (solcher Verfahren) zu entscheiden sind".

Mit dieser betont weiten Umschreibung zielt der Ausschlusstatbestand in einem umfassenden Sinne auf Sachentscheidungen, die auf das planungs- oder zulassungsbedürftige Vorhaben gerichtet sind. Demgegenüber ist der Wortlaut des § 26 Abs. 5 Nr. 5 GO NRW enger gefasst. Hier spricht das Gesetz nämlich präzise von der „Aufstellung, Änderung, Ergänzung und Aufhebung von Bauleitplänen", und nicht allgemein gefasst von „Angelegenheiten". Aufgrund der unterschiedlichen Formulierungen der Ausnahmetatbestände in derselben Norm kann nicht davon ausgegangen werden, dass Nr. 5 einen ähnlich weit gefassten Bereich wie Nr. 4 abdecken soll.

c) Teleologische Auslegung

Neben der Systematik der Norm ist bei der Auslegung auch stets auf Sinn und Zweck der Norm abzustellen. § 26 Abs. 5 Nr. 5 GO NRW trägt dem Umstand Rechnung, dass im Rahmen der Entscheidung über die Bauleitplanung eine Vielzahl von öffentlichen und privaten Interessen betroffen sind, welche eine Entscheidung in den Kategorien von „Ja" und „Nein" nicht zulassen. Da es jedoch vorliegend allein um die Veräußerung von Grundstücken geht, liegt gerade nicht eine derartige Menge von zu berücksichtigenden Kriterien vor, wie es beim Erlass eines Bebauungsplans der Fall wäre. Daher spricht auch eine teleologische Auslegung gegen eine weite Auslegung der Norm.

d) Zwischenergebnis

Schließlich ist auch noch zu beachten, dass es sich hier noch nicht um die Aufstellung eines Bebauungsplans handelt, sondern lediglich dessen späterer Erlass diskutiert wird. Somit kommt eine weite Auslegung von § 26 Abs. 5 Nr. 5 GO NRW nicht in Betracht. Ein Verstoß gegen § 26 Abs. 5 Nr. 5 GO NRW ist daher abzulehnen.

2. Verstoß gegen § 26 Abs. 5 Nr. 3 GO NRW

Fraglich ist, wie es sich auswirkt, dass der Bau der Shopping-Mall von wirtschaftlicher Bedeutung für G ist. § 26 GO NRW beschäftigt sich in Abs. 5 Nr. 3 GO NRW mit wirtschaftlichen Aspekten. Hier geht es jedoch nur um „die Haushaltssatzung, die Eröffnungsbilanz, den Jahresabschluss und den Gesamtabschluss der Gemeinde (einschließlich der Wirtschaftspläne und des Jahresabschlusses der Eigenbetriebe) sowie die kommunalen Abgaben und die privatrechtlichen Entgelte".

Sonstige wirtschaftliche Erwägungen werden in Nr. 3 nicht genannt. Die Aufzählung in § 26 Abs. 5 Nr. 3 GO NRW ist als abschließend zu verstehen. Für eine existenzbedrohende Situation von G ist dem Sachverhalt nichts zu entnehmen, so dass kein Grund ersichtlich ist, von den Vorgaben des § 26 Abs. 5 GO NRW abzuweichen, weshalb die wirtschaftliche Bedeutung des Vorhabens für die Zulässigkeit des Bürgerbegehrens außer Betracht bleiben muss.

3. Verfolgung mittelbarer Ziele

Schließlich könnte sich eine Unzulässigkeit des Bürgerbegehrens noch daraus ergeben, dass es den Einwohnern von G nicht darauf ankommt, wem die Grundstücke „Acker" und „Parkplatz" gehören. Vielmehr wird durch die Verhinderung der Veräußerung allein der Zweck verfolgt, die geplante Errichtung der Shopping-Mall zu verhindern. Es ist jedoch § 26 GO NRW nicht zu entnehmen, dass durch ein Bürgerbegehren nicht mittelbar andere Ziele als diejenigen verfolgt werden dürfen, über die im Rahmen des Bürgerbegehrens abgestimmt wird. Vielmehr handelt es sich hier um einen legitimen Zweck. Daher ist das Bürgerbegehren auch unter dem Aspekt der Verfolgung mittelbarer Ziele zulässig.

IV. Ergebnis

Somit wird der Rat von G feststellen, dass das Bürgerbegehren erfolgreich ist. Rechtsfolge ist, dass im Rahmen des Bürgerentscheids die Einwohner von G anstelle des Rates über die Veräußerung der Grundstücke „Acker" und „Parkplatz" entscheiden werden.

Ergänzender Hinweis: Im Rahmen der Reform der GO NRW wurde eine seit langem umstrittene Frage durch den Gesetzgeber entschieden. Es ging darum, ob sich ein Bürgerbegehren gegen Maßnahmen wehren kann, die das Ziel des Bürgerbegehrens faktisch vereiteln (Rechtschutz wurde hier stets im Verfahren einer einstweiligen Anordnung gem. § 123 Abs. 1 VwGO gesucht). Dies wurde bisher vom OVG Münster abgelehnt. Dieser Auffassung hat der Gesetzgeber nun in der Neufassung des § 26 Abs. 6 S. 6 GO NRW (lesen!) eine Absage erteilt. Dies gilt selbstverständlich nur für NRW, da die Frage in anderen Bundesländern durch die zuständigen OVGs uneinheitlich beurteilt wird.

Fall 2: Ärger mit der Aufsicht

▶ **Standort:** Versagung einer Genehmigung durch Aufsichtsbehörde, präventive Rechtsaufsicht, Rechtsschutz gegen Versagung, Kreisumlage, Prüfungsmaßstab der Aufsicht.

Im Kreistag des Kreises Kleve (K) herrscht seit Jahren eine schlechte Haushaltslage, da die umfangreiche Sanierung des Gebäudes des Kreistages sehr viel teurer war, als ursprünglich erwartet. Der Kreistag entscheidet sich daher, in der Haushaltssatzung eine Kreisumlage in Höhe von 28 v. H. festzusetzen, um die letzten Rechnungen der Sanierung endlich bezahlen zu können.

Die zuständige Aufsichtsbehörde ist von dieser Idee nicht begeistert, da sie insgeheim von Anfang an der Meinung war, dass die Sanierung vollkommen unnötig war, sich aus politischen Gründen hierzu jedoch nicht weiter äußerte. Deshalb genehmigt sie die die Kreisumlage festsetzende Satzung nur mit der Maßgabe, dass der Umlagesatz auf 27 v. H. gesenkt wird. Sie begründet ihre Entscheidung damit, dass der Kreis seinen Haushalt erstmal durch Eigenmittel ausgleichen müsse.

Schließlich verfüge K über mehrere Grundstücke, an denen die X-GmbH schon mehrfach Kaufinteresse bekundet habe. Der Verkauf der Grundstücke wäre bereits ausreichend, um das Finanzloch zu stopfen. Daneben habe K auch am Verkauf von Aktien kräftig verdient. Der Umsatz hieraus müsse ebenfalls vor der Inanspruchnahme der Kreisumlage zum finanziellen Ausgleich genutzt werden.

K hingegen ist der Ansicht, dass er sich nicht auf den Verkauf von Aktien oder Grundstücken verweisen lassen müsse. Insbesondere seien die Aktien damals von der Verkehrsbeteiligungsgesellschaft GmbH (V-GmbH) erworben worden, deren einziger Gesellschafter K sei. Für den Erwerb der Aktien habe die V-GmbH ein Darlehen aufnehmen müssen, so dass bei wirtschaftlicher Betrachtung die Aktien keinen Vermögenswert darstellten. Schließlich stehe nirgendwo im Gesetz, dass ein Kreis verpflichtet sei, Grundstücke zu veräußern.

K möchte gegen die Genehmigung in Höhe von 27 v. H. vorgehen. Vielmehr soll die ursprünglich anvisierte Umlage in Höhe von 28 v. H. realisiert werden.

Daraufhin wird Rechtsreferendar Ferdinand damit beauftragt, ein entsprechendes Gutachten vorzubereiten. Da Ferdinand jedoch nicht weiß, wo er beginnen soll, bekommt er den Tipp, zunächst einmal in die Kreisordnung NRW (KrO NRW) zu schauen.

Es ist zu prüfen, ob eine Klage des Kreises Aussicht auf Erfolg hat.

I. VRW (+)
II. Zulässigkeit (+)
1. Statthafte Klageart
2. Klagebefugnis (+)
3. Vorverfahren
4. Klagegegner
III. Begründetheit (+)
1. Rechtsgrundlage: § 56 Abs. 1, 2 KrO NRW
2. Prüfungsumfang
3. Genehmigung der Erhöhung
   a) Pflicht zur Veräußerung der Grundstücke (-)
   b) Berücksichtigung Erlöse aus Aktienverkauf (-)
4. Verletzung eigener Rechte
IV. Ergebnis

Vorüberlegung: Der vorliegende Fall ist über die Normen der Kreisordnung (KrO NRW) zu lösen und behandelt einen Fall der präventiven Aufsicht. Die KrO NRW stellt die Entsprechung der GO NRW dar und weist viele inhaltliche Parallelen zur GO NRW auf. Entscheidende Aspekte der Falllösung sind zunächst das Auffinden der richtigen Rechtsgrundlage, da die Kreisordnung im Gegensatz zur GO NRW in der Ausbildung vergleichsweise selten behandelt wird. Anschließend ist zu erkennen, dass § 56 KrO NRW selber keine Vorgaben bezüglich des Prüfungsumfangs trifft und daher die Anforderungen aus der Verfassung zu entwickeln sind. Schließlich müssen die Einwände der Aufsichtsbehörde dargestellt und entsprechend gewürdigt werden. Hier kommt es vor allen Dingen auf eine eigene und im Ergebnis gut begründete Argumentation an, da in dem Rechtsgebiet keine fundierten Vorkenntnisse erwartet werden.

Die Klage hat Erfolg, wenn sie zulässig und begründet ist.

I. Verwaltungsrechtsweg

Mangels aufdrängender Sonderzuweisung richtet sich die Eröffnung des Verwaltungsrechtswegs nach der Generalklausel des § 40 Abs. 1 VwGO. Hiernach wäre der Verwaltungsrechtsweg eröffnet, wenn es sich um eine öffentlich-rechtliche Streitigkeit nicht verfassungsrechtlicher Art handeln würde.

Streitentscheidende Normen sind hier solche der Kreisordnung NRW, insbesondere § 56 KrO NRW. Hierbei handelt es sich um eine Norm, die ausschließlich Träger öffentlicher Gewalt berechtigt und verpflichtet (modifizierte Subjekttheorie), mithin um eine öffentlich-rechtliche Norm. Ferner ist die Streitigkeit auch nicht verfassungsrechtlicher Art, da zumindest ein Beteiligter kein Verfassungsorgan ist. Da auch keine abdrängende Sonderzuweisung ersichtlich ist, handelt es sich um eine Streitigkeit, für die der Verwaltungsrechtsweg gegeben ist.

Klausurhinweis: Vorliegend wird die Eröffnung des Verwaltungsrechtswegs noch vor der Zulässigkeit geprüft. Dogmatisch handelt es sich nämlich hierbei nicht um eine Sachurteilsvoraussetzung, da bei Nichtvorliegen des Verwaltungsrechtswegs die Klage nicht unzulässig ist, sondern von Amts wegen an das zuständige Gericht verwiesen wird, § 17a Abs. 2 GVG. Gleichwohl ist auch der Aufbau innerhalb der Zulässigkeit verbreitet und vollkommen vertretbar.

II. Zulässigkeit

Die Klage müsste auch zulässig sein.

1. Statthaftigkeit

Fraglich ist die statthafte Klageart. In Frage kommt zunächst eine **Anfechtungsklage** gem. § 42 Abs. 1, 1. Alt. VwGO. Dann müsste es sich bei der Maßnahme der Aufsichtsbehörde, die Umlage nur in Höhe von 27 v. H. zu genehmigen, um einen Verwaltungsakt i. S. d. § 35 S. 1 VwVfG NRW (lesen!) handeln.

Erforderlich wäre also eine Entscheidung, Verfügung oder andere hoheitliche Maßnahme, die eine Behörde zur Regelung eines Einzelfalls auf dem Gebiet des öffentlichen Rechts getroffen hat und die auf unmittelbare Rechtswirkung nach außen gerichtet ist.

Fraglich ist das Merkmal der **Außenwirkung**. Dieses wäre dann abzulehnen, wenn es sich um eine rein innerbehördliche Maßnahme handeln würde, also die getroffene hoheitliche Regelung nur darauf abzielte, im Bereich der Behörde Wirkung zu zeigen.

Dies wäre der Fall, wenn der Kreis Aufgaben wahrnehmen würde, die ihm im rein staatlichen Bereich zur Erfüllung übertragen wurden. Vorliegend handelt es sich um eine Aufsichtsmaßnahme, da gem. § 56 Abs. 2 S. 2 KrO NRW eine Genehmigung der Aufsichtsbehörde erforderlich ist. Aufsichtsbehörde ist gem. § 57 Abs. 1 S. 1 KrO NRW die Bezirksregierung. Aufsichtsmaßnahmen weisen Verwaltungsaktqualität auf, da sie gegenüber den Kommunen als selbstständigen Körperschaften des öffentlichen Rechts ergehen und diese in ihren Rechten aus Art. 28 Abs. 2 GG verletzen können. Hier stehen die Kommunen ähnlich wie ein Bürger der staatlichen Hoheitsmacht gegenüber.

Die Verbindlichkeit solcher Maßnahmen ergibt sich dabei aus der für Verwaltungsakte typischen Geltungskraft der Anordnungen, welche aus gesetzlichen Ermächtigungen zum hoheitlichen Tätigwerden gegenüber den Kommunen folgen. Da die Entscheidung der Aufsichtsbehörde, die Kreisumlage nicht in der gewünschten Höhe zu genehmigen, die Kommune im Bereich der Selbstverwaltung betrifft, handelt es sich folglich um einen Verwaltungsakt.

Die Statthaftigkeit der Anfechtungsklage könnte jedoch abzulehnen sein, wenn sie nicht dem Rechtsschutzbegehren des Klägers entspricht, vgl. § 88 VwGO. Vorliegend möchte K erreichen, dass die erforderliche Genehmigung für die Erhöhung der Kreisumlage i. S. d. § 56 Abs. 2 S. 2 KrO NRW erteilt wird. Mit der Anfechtungsklage kann jedoch nur die Aufhebung eines Verwaltungsakts erreicht werden. Wenn die Genehmigung in Höhe von 27 v. H. aufgehoben würde, folgt hieraus nicht, dass stattdessen die Kreisumlage in Höhe 28 v. H. auch genehmigt wäre. Denn die Entscheidung der Aufsichtsbehörde war inhaltlich eine Ablehnung des Genehmigungsantrags, verbunden mit der bedingten Genehmigung eines etwaigen Änderungsbeschlusses. Somit entspricht eine Anfechtungsklage nicht dem Klagebegehren des K und ist nicht die statthafte Klageart.

Stattdessen könnte hier eine **Verpflichtungsklage** gemäß § 42 Abs. 1, 2. Alt. VwGO statthaft sein. Mit der Verpflichtungsklage wird das Ziel verfolgt, den Beklagten zum Erlass eines abgelehnten Verwaltungsakts zu verpflichten. Da K erreichen möchte, dass die Kreisumlage in Höhe von 28 v. H. genehmigt wird, ist die Verpflichtungsklage hier statthafte Klageart.

2. Klagebefugnis

K müsste gem. § 42 Abs. 2 VwGO klagebefugt sein. Er müsste also darlegen, dass eine Verletzung eigener Rechte nicht als von Anfang an ausgeschlossen anzusehen wäre. In Frage kommt eine Verletzung des Rechts aus § 56 KrO NRW sowie der Selbstverwaltungsgarantie gem. Art. 28 Abs. 2 GG, 78 LV NRW. Es sind keine Gründe dafür ersichtlich, dass eine Verletzung dieser Rechte von vornherein ausgeschlossen erscheint, so dass die Klagebefugnis gegeben ist.

3. Vorverfahren

Die Durchführung eines Vorverfahrens ist gem. § 110 Abs. 1 JustG NRW i. V. m. § 68 Abs. 1 S. 2 VwGO entbehrlich[6].

4. Klagegegner

Nach Abschaffung des AG VwGO in NRW gilt nun das Rechtsträgerprinzip. Zu verklagen ist in NRW daher der Rechtsträger der betroffenen Behörde[7]. Die Behörde ist vorliegend die Bezirksregierung, zu verklagen ist daher das Land Nordrhein-Westfalen (vgl. § 9 Abs. 2 LOG NRW i.V.m. §§ 1 Abs. 1 S. 1, 2 Abs. 1 LOG NRW).

5. Ergebnis

Die Klage ist zulässig.

---

[6] Es ist in jedem Bundesland zu untersuchen, ob es dort vergleichbare Regelungen gibt, die die Erforderlichkeit eines Vorverfahrens einschränken, z.B. Art. 15 AGVwGO **Bay**, § 16a AG VwGO **Hess**, § 80 JustizG **Nds**.

[7] **Außerhalb NRWs** kommt es darauf an, ob das Landesrecht vorsieht, dass eine Klage auch unmittelbar gegen die den Verwaltungsakt erlassende Behörde zulässig ist (§ 78 I Nr. 2 VwGO). Dies ist beispielsweise in Niedersachsen der Fall (vgl. § 79 JustizG).

III. Begründetheit

Die Klage ist begründet, soweit die Ablehnung der Umlage i. H. v. 28 v. H. rechtswidrig und K hierdurch in seinen Rechten verletzt ist, § 113 Abs. 5 VwGO. Dies wäre dann der Fall, wenn K einen Anspruch auf die Genehmigung in Höhe von 28 v. H. hätte.

1. Rechtsgrundlage

Als Rechtsgrundlage kommt § 56 Abs. 2 S. 2 KrO NRW[8] in Betracht. Danach ist, soweit die sonstigen Einnahmen eines Kreises den Finanzbedarf nicht decken, von den kreisangehörigen Gemeinden eine Umlage nach den hierfür geltenden Vorschriften zu erheben. Sie ist für jedes Jahr neu festzusetzen.

2. Prüfungsumfang

Fraglich ist, in welchem Umfang die Aufsicht im Rahmen der Genehmigung gem. § 56 Abs. 2 S. 2 KrO NRW die Entscheidung der Gemeinde überprüfen kann. Hier kommt entweder die **Rechtsaufsicht** in Betracht, also die Möglichkeit, die Genehmigung dann zu versagen, wenn die Festsetzung der Kreisumlage gegen gesetzliche Vorschriften oder sonstiges Recht verstößt. Daneben besteht die Möglichkeit der **Zweckmäßigkeitskontrolle**, die über das Maß der reinen Rechtsprüfung hinausgeht und auch Zweckmäßigkeitsüberlegungen berücksichtigen kann.

Weder aus dem Wortlaut noch aus der systematischen Stellung des § 56 Abs. 2 S. 2 KrO NRW geht hervor, wie das Prüfungsverfahren durch die Aufsicht ausgestaltet sein soll. Daher sind die Maßstäbe der Überprüfung aus der Verfassung zu entwickeln: Art. 28 Abs. 2 GG gewährleistet den Gemeindeverbänden und Gemeinden die Selbstverwaltung. Hieraus folgen das Recht und auch die Pflicht, alle Angelegenheiten in eigener Verantwortung zu erledigen.

---

[8] Regelungen bezüglich einer Kreisumlage finden sich in den weiteren Bundesländern in den jeweiligen Kreisordnungen. Hierbei handelt es sich um die folgenden Normen: § 49 KrO **BaWü**; Art. 56 f. **LKrO Bay** i. V. m. Art. 18 f. **FAG Bay**; § 130 **BbgKVerf**; § 58 LKO **RhPflz** i. V. m. § 25 **LFAG RhPflz**; § 53 **HKO** i. V. m. § 37 Abs. 1 **FAG Hess**; § 111 **NKomVG**; § 26 Abs. 1 **FAG Sachsen**; § 28 **FAG SchleswHol**; § 18 **KFAG Saarland**; § 19 **FAG Sachsen-Anhalt**; § 11 **FAG MV**.

Ferner folgt aus Art. 78 Abs. 1, 2 Verf NRW, dass die Gemeindeverbände Gebietskörperschaften mit dem Recht der Selbstverwaltung durch ihre gewählten Organe und in ihrem Gebiet – vorbehaltlich anderer gesetzlicher Vorschriften - die alleinigen Träger hoheitlicher Gewalt sind. Konstitutiv für die Selbstverwaltung ist das Recht, alle in den Wirkungsbereich fallenden Aufgaben (vgl. § 2 Abs. 1 KrO NRW) nach eigenem Ermessen zu erfüllen. Dies beinhaltet auch die Möglichkeit, von mehreren möglichen und gleich geeigneten Handlungsoptionen diejenige auszuwählen, die am zweckmäßigsten erscheint.

Insbesondere gehört zum Bereich der Selbstverwaltung auch die kommunale Finanzhoheit, also die Möglichkeit, über ein gewisses Volumen an finanziellen Mitteln autonom im Rahmen der kommunalwirtschaftlichen Bestimmungen verfügen zu können. Daher muss auch die Möglichkeit bestehen, Mittel zur Bestreitung von finanziellen Aufgaben zumindest teilweise aus eigenem Recht beschaffen zu können. Hierfür sieht die Kreisordnung das Instrument der Kreisumlage vor. Dabei handelt es sich um die wichtigste eigenbestimmbare Einkommensquelle der Kreise, welche einen unmittelbaren Ausfluss der Selbstverwaltungsgarantie darstellt.

Somit ist jede Verkürzung der Rechte aus § 56 Abs. 1 KrO NRW eine Beeinträchtigung der kommunalen Selbstverwaltung. Aufgrund der Bedeutung der Kreisumlage als Instrument zur Sicherung der Finanzautonomie der Gemeinden ist daher eine Zweckmäßigkeitskontrolle durch die Aufsicht abzulehnen. Diese ist vielmehr auf eine reine Rechtsaufsicht beschränkt.

3. Genehmigung der Erhöhung

Somit durfte die Aufsichtsbehörde die Genehmigung nur dann verweigern, wenn die Festsetzung der Kreisumlage auf 28 v. H. gegen gesetzliche Vorschriften oder sonstiges Recht verstößt. Hierbei muss der Grundsatz der Subsidiarität der Kreisumlage beachtet werden. Gem. § 56 Abs. 1 KrO NRW darf eine Kreisumlage nämlich nur dann erhoben werden, wenn die sonstigen Einnahmen den Finanzbedarf des Kreises nicht decken.

a) Pflicht zur Veräußerung der Grundstücke

Zu prüfen ist, ob nicht die Gemeinde zunächst verpflichtet gewesen wäre, die Grundstücke in ihrem Besitz zu verkaufen, da durch den Verkauf der Grundstücke der Finanzbedarf befriedigt werden könnte. Hierbei muss zunächst berücksichtigt werden, dass es trotz des Interesses der X-GmbH an den Grundstücken fraglich ist, ob tatsächlich der Marktwert der Grundstücke hätte realisiert werden können. Denn bis zum tatsächlichen Zahlungseingang birgt die Veräußerung von Immobilien stets Risiken, so beispielsweise eine zwischenzeitliche Insolvenz der X-GmbH oder die Entdeckung einer Kontaminierung des Bodens bei Baumaßnahmen. Daher erscheint bereits die Veranschlagung eines fiktiven Veräußerungserlöses fraglich.

Daneben ist zu berücksichtigen, dass § 56 Abs. 1 KrO NRW auf die tatsächlichen Finanzmöglichkeiten der Gemeinde abstellt. Es ist der Norm hingegen nicht zu entnehmen, dass auch eine Verpflichtung besteht, Einnahmen durch den Verkauf von Immobilien zu erzielen, um so das Kreisvermögen zu vermehren[9]. Daher muss sich der Kreis nicht auf die Möglichkeit verweisen lassen, durch den Verkauf von Immobilien seinen Finanzbedarf zu decken.

b) Berücksichtigung der Erlöse aus Aktienverkauf

K hat durch den Verkauf der Aktien liquide Mittel erwirtschaftet. Daher könnte es der Subsidiaritätsgrundsatz gebieten, dass vor einer Erhöhung der Kreisumlage zunächst auf diese Mittel zurückgegriffen wird. Dann müsste es sich hierbei um Einnahmen i. S. d. § 56 Abs. 1 KrO NRW handeln. Bei Einnahmen handelt es sich nicht nur um Haushaltsansätze im Sinne einer rechnerischen Position, sondern um konkret vorhandene Vermögenswerte. Daher ist zur Klärung der Frage, ob es sich um Einnahmen handelt, stets eine wirtschaftliche Betrachtungsweise zugrunde zu legen.

---

[9] OVG Münster NVwZ 1990, 689, 691. Mit Hinblick § 56 Abs. 2 S. 2 KrO NRW erscheint hier eine a. A. vertretbar. Entscheidend ist die Entwicklung einer eigenen Argumentation, in der alle Angaben aus dem Sachverhalt verwertet werden.

Die Erlöse aus dem Verkauf der Aktien wurden von der V-GmbH an K gezahlt. Hierzu musste die V-GmbH entsprechende Kredite aufnehmen, hat also bei wirtschaftlicher Betrachtung als Gegenleistung für den Erwerb der Aktien Verbindlichkeiten im Gegenwert der Aktien in Form eines Darlehens eingehen müssen. Hierbei können sogar die Folgekosten in Form der Zinsen für das Darlehen außer Betracht bleiben, da es sich auf jeden Fall nicht um ein wirtschaftlich vorteilhaftes Geschäft handelt.

Wenn nun berücksichtigt wird, dass K alleiniger Gesellschafter der V-GmbH ist, hat K folglich ebenfalls bei wirtschaftlicher Betrachtung keinen Gewinn erzielt. Vielmehr wurden über den Umweg der V-GmbH lediglich Vermögenspositionen verschoben, da es sich letztlich um ein Geschäft des K mit sich selbst handelte. Daher handelt es sich bei den Erlösen aus dem Verkauf der Aktien nicht um Einnahmen i. S. d. § 56 Abs. 1 KrO NRW. Folglich muss sich K auch insoweit nicht den Subsidiaritätsgrundsatz entgegenhalten lassen.

Weitere Gründe gegen die Erteilung der Zustimmung durch die Aufsichtsbehörde sind nicht ersichtlich. Daher hat K einen Anspruch auf Genehmigung der Kreisumlage in Höhe von 28 v. H.

4. Verletzung eigener Rechte i.S.d. § 113 Abs. 5 VwGO

Die Verweigerung der begehrten Genehmigung verletzt K auch in seinen Rechten aus Art. 28 Abs. 2 GG, Art. 78 Abs. 1, 2 Verf NRW sowie dem Anspruch aus § 56 KrO NRW.

IV. Ergebnis

Folglich ist die Klage des K zulässig und begründet und wird daher Erfolg haben.

Fall 3: Probleme mit „Würstchen-Willi"

▶ **Standort:** Kommunalrechtlicher Zulassungsanspruch zu einem Volksfest, Fortsetzungsfeststellungsklage, Zuständigkeit des Bürgermeisters für Zulassung, verschiedene Konkurrentenklagen.

W betreibt seit Jahren eine kleine Imbissbude unter dem Namen „Würstchen Willi" in der Stadt S. Dort bietet er in erster Linie Reibekuchen und Bratwürste jeder Art an. Die Würstchen von W und auch W selber sind aufgrund der guten Qualität und W's immer fröhlicher Art über die Stadtgrenzen hinaus beliebt. W mag seine Arbeit gerne und nimmt daher ohne Probleme die alltägliche Fahrzeit von ca. 30 Minuten in Kauf, da er nicht in S, sondern in dem Nachbarort O wohnt.

Alljährlich findet in S das „Große Sommerfest" statt. Dieses zieht seit Jahren aufgrund der vielen Attraktionen viele Besucher von nah und fern an. Bei den Attraktionen handelt es sich um die üblichen Einrichtungen wie Schausteller, Schießbuden, Autoscooter und Imbissbuden. Eine Festsetzung nach der GewO erfolgt traditionell nicht. W möchte gerne beim diesjährigen „Großen Sommerfest" einen Stand betreiben und wendet sich mit Schreiben vom 08.08. an den Oberbürgermeister (OB) von S. In dem Schreiben trägt er seinen Wunsch vor, beim „Großen Sommerfest", das in ca. einer Woche beginnt und vom 15.08. bis zum 24.08. dauert, einen Stand auf einer 2 x 3 qm großen Fläche aufbauen zu dürfen. Zur großen Enttäuschung von W lehnt der der Oberbürgermeister seinen Antrag mit Schreiben vom 12.08. ab, da die Kapazitäten für Imbissbuden auf dem Festplatz bereits erschöpft seien.

W wendet daraufhin schriftlich ein, dass bereits sein Vater, von dem er die Imbissbude übernommen hatte, auf dem „Großen Sommerfest" zwischen 1991 und 1995 einen Stand gehabt habe. Dieser sei stets beliebt und gut besucht gewesen. Diese Tradition wolle er nun fortsetzen. Darauf wendet der OB ein, dass es sehr wohl Kritik am Stand des Vaters des W gegeben habe. Denn der Stand habe optisch kaum etwas her gemacht und wurde von vielen Besuchern als störend zwischen den anderen, ansprechend dekorierten Geschäften empfunden.

Daraufhin wurde der Vater des W im Jahr 1994 aufgefordert, seinen Stand entsprechend zu überarbeiten. Dem sei er jedoch im folgenden Jahr nicht nachgekommen, so dass der Platz jetzt anderweitig vergeben worden wäre.

W ist der Ansicht, dass dies der OB allein gar nicht entscheiden dürfe. Schließlich existierten keine vom Rat der Stadt S erlassenen Richtlinien bezüglich der Vergabe der Plätze auf dem „Großen Sommerfest". Der OB hingegen ist der Ansicht, dass die Vergabe selbstverständlich in seinen Zuständigkeitsbereich falle. Schließlich wohnten in S ca. 80.000 Menschen, so dass der Rat sich um ganz andere Dinge zu kümmern habe.

Nachdem das Sommerfest stattgefunden hat erhebt W fristgerecht Klage zum zuständigen VG mit dem Antrag festzustellen, dass die Ablehnung rechtswidrig war. Hat die Klage Erfolg? § 28 VwVfG wurde gewahrt.

I. VRW (+)
II. Zulässigkeit (+)
 1. Statthafte Klageart
 2. Klagebefugnis (+)
 3. Vorverfahren
 4. Klagefrist
 5. Besonderes Rechtsschutzinteresse (+)
 6. Klagegegner
III. Begründetheit
 1. Rechtsgrundlage
 2. Formelle Rechtmäßigkeit
  a) Zuständigkeit (-)
  b) Verfahren und Form (+)
 3. Materielle Rechtmäßigkeit
  a) Öffentliche Einrichtung i. S. v. § 8 Abs. 2 GO NRW (+)
  b) Anspruch nur im Rahmen der Kapazitäten
  c) Anspruch aufgrund des Standes des Vaters (-)
 4. Verletzung eigener Rechte
IV. Ergebnis

Vorüberlegung: Die Zulassung zu einer öffentlichen Einrichtung stellt einen der Klassiker des Kommunalrechts dar. Sobald ein Mitbewerber im Sachverhalt auftaucht, ist stets an die Möglichkeit einer „**Konkurrentenklage**" zu denken. Hier sind mehrere Szenarien denkbar. Wenn der übergangene Bewerber sich nur gegen die Zulassung seines Konkurrenten wehren möchte, handelt es sich um eine **negative Konkurrentenklage**. Begehrt er allein seine Zulassung, so handelt es sich um eine **positive Konkurrentenklage**. Der Fall mit der höchsten Klausurrelevanz dürfte derjenige der **Mitbewerberklage** sein. Eine solche liegt vor, wenn eine begehrte Leistung nicht mehrfach vergeben werden kann.

Richtige Klageart ist hier regelmäßig die **Verpflichtungsklage**. Ob hier eine zusätzliche Anfechtung des Bescheids an den Konkurrenten notwendig ist, ist umstritten. Dafür spricht, dass grundsätzlich die Zulassung des Konkurrenten aus der Welt geschafft werden muss, um dem Kläger Zutritt gewähren zu können. Nach h. M. kann dies nur durch eine so genannte Stufenklage erreicht werden. Hier erhebt der Mitbewerber zunächst eine Anfechtungsklage gegen den den Konkurrenten begünstigenden Bescheid. Mit der Anfechtungsklage verbindet er eine Verpflichtungsklage auf eigene Zulassung, die unter der Bedingung des Erfolgs der Anfechtungsklage steht.

Nach anderer Ansicht besteht ein Anspruch auf Gewährung nur, soweit auch ein Anspruch gegen die Verwaltung auf Beseitigung des Verwaltungsaktes besteht, so dass die Erhebung einer Verpflichtungsklage genügt, um im Falle einer Verurteilung die Aufhebung des VA durch die Verwaltung zu erreichen (vgl. hierzu Kopp/Schenke, VwGO § 42 Rn. 45 ff.).

Zu achten ist im Rahmen der Problematik des Zugangs zu öffentlichen Einrichtungen auch immer auf die **Zwei-Stufen-Theorie**. Hierbei ist zu prüfen, ob die Organisationsform und das konkrete Benutzungsverhältnis privat- oder öffentlich-rechtlich ausgestaltet sind.

Im vorliegenden Fall muss zunächst unter Berücksichtigung des Klagebegehrens die statthafte Klageart ermittelt werden. Hier ist darauf zu achten, dass W nach Durchführung des Sommerfests klagt und lediglich festgestellt wissen möchte, dass seine Ablehnung rechtswidrig war. Im Rahmen der Begründetheit kommt es maßgeblich auf die Frage an, ob der Bürgermeister für die Zulassung zum „Großen Sommerfest" zuständig war oder ob es sich um eine Zuständigkeit des Rates handelt.

Die Klage hat Erfolg, wenn Sie zulässig und begründet ist.

I. Verwaltungsrechtsweg

Mangels aufdrängender Sonderzuweisung richtet sich die Eröffnung des Verwaltungsrechtswegs nach § 40 Abs. 1 VwGO. Vorliegend wird um die Zulassung zu einer öffentlichen Einrichtung gestritten (§ 8 GO NRW), die durch die Gemeinde nicht privatrechtlich ausgestaltet wurde. Da es sich um die Zulassung (das „ob") handelt, ist anhand der Zwei-Stufen-Theorie von einer öffentlich-rechtlichen Streitigkeit auszugehen. Auch handelt es sich um einen Streit nichtverfassungsrechtlicher Art. Da eine abdrängende Sonderzuweisung nicht besteht, ist der Verwaltungsrechtsweg eröffnet.

II. Zulässigkeit

Die Klage müsste zulässig sein.

1. Statthafte Klageart

Fraglich ist zunächst die statthafte Klageart. Hierbei ist das Gericht zwar nicht an die Fassung des Antrags gebunden, darf jedoch auch nicht über das Klagebegehren hinausgehen (§ 88 VwGO). In Frage kommt eine **Fortsetzungsfeststellungsklage** gem. § 113 Abs. 1 S. 4 VwGO analog.

W hat beantragt festzustellen, dass die Ablehnung rechtswidrig war. Fraglich ist zunächst, ob es sich bei der Ablehnung um einen **Verwaltungsakt** (§ 35 VwVfG NRW) handelt. Dies ist zu bejahen, da es sich bei der Zulassung um eine konkret individuelle Einzelfallanordnung handelt. Vorliegend ist jedoch zu beachten, dass das Volksfest bereits vor Klageerhebung stattgefunden hat. Daher könnte sich der die Zulassung des W ablehnende Verwaltungsakt erledigt haben.

Eine **Erledigung** (§ 113 Abs. 1 S. 4 VwGO) liegt dann vor, wenn der Regelungsgehalt des Verwaltungsakts gegenüber dem Adressaten rechtlich oder tatsächlich entfällt. Das Sommerfest hat bereits vor Klageerhebung stattgefunden, so dass die Zulassung oder Nichtzulassung für W keine Auswirkungen mehr hat. Daher hat sich die Ablehnung erledigt.

§ 113 Abs. 1 S. 4 VwGO erfasst unmittelbar jedoch nur den Fall, dass sich der Verwaltungsakt **nach Klageerhebung** erledigt. Vorliegend hat W jedoch erst nach Erledigung (nämlich dem Sommerfest) Klage erhoben. Dieser Fall wird nicht vom Wortlaut des § 113 Abs. 1 S. 4 VwGO erfasst. Daher ist eine analoge Anwendung geboten, während nach a. A. eine Feststellungsklage statthaft sein soll[10].

Aufgrund der großen Nähe von Anfechtungs- und Feststellungsklage und dem häufig zufälligem Zeitpunkt der Erledigung wird hier jedoch der wohl h. M. gefolgt (a. A. vertretbar). Somit ist vorliegend die Fortsetzungsfeststellungsklage gem. § 113 Abs. 1 S. 4 VwGO analog statthafte Klageart.

2. Klagebefugnis

W müsste klagebefugt sein, § 42 Abs. 2 VwGO analog. Vorliegend kann eine Verletzung seines Grundrechts aus Art. 12 Abs. 1 GG nicht von Anfang an ausgeschlossen werden.

3. Vorverfahren

Ein Vorverfahren muss gem. § 110 Abs. 1 JustG NRW i. V. m. § 68 Abs. 1 S. 2 VwGO nicht durchgeführt werden[11].

4. Klagefrist

Die Klage wurde laut Sachverhalt fristgerecht erhoben.

5. Besonderes Feststellungsinteresse

Fraglich ist jedoch das Feststellungsinteresse des W.

---

[10] Zum Streit s. Kopp/Schenke, § 113 Rn. 99 m. w. N.
[11] Es ist in jedem Bundesland zu untersuchen, ob es dort vergleichbare Regelungen gibt, die die Erforderlichkeit eines Vorverfahrens einschränken, z.B. Art. 15 AGVwGO **Bay**, § 16a AG VwGO **Hess**, § 80 JustizG **Nds**.

> **Aufbauhinweis:** Die Problematik des besonderen Feststellungsinteresses kann auch unter dem Prüfungspunkt des Rechtsschutzbedürfnisses dargestellt werden. Beides ist vertretbar, entscheidend ist allein, dass im Rahmen der Fortsetzungsfeststellungsklage anhand der anerkannten Fallgruppen das besondere Feststellungsinteresse diskutiert wird.

Im Rahmen der Fortsetzungsfeststellungsklage hat die Rechtsprechung mehrere Fallgruppen entwickelt, bei denen das besondere Feststellungsinteresse bejaht wird. Da sich nämlich der Gegenstand der Klage bereits erledigt hat, sollen sich die Gerichte nur dann mit der rechtlichen Bewertung des Falls beschäftigen müssen, wenn hierfür ein besonderes Interesse des Klägers besteht. Dies kann im Fall der **Wiederholungsgefahr**, des **Rehabilitierungsinteresses** oder eines besonders **schweren Grundrechtseingriffs** gegeben sein.

Vorliegend kommt die Fallgruppe der Wiederholungsgefahr in Betracht. Dann müsste W darlegen, dass aufgrund der Sachlage davon auszugehen ist, dass er in Zukunft wieder einen ähnlichen Antrag stellen und die Behörde diesen unter den gleichen rechtlichen und tatsächlichen Umständen erneut ablehnen wird.

Vorliegend hat W erklärt, dass er die einst von seinem Vater begonnene Tradition wiederaufleben lassen möchte. Der OB hat hingegen erklärt, dass auch aufgrund der schlechten Erfahrungen mit dem Vater des W eine Zulassung nicht in Betracht käme. Daher erscheint es durchaus möglich, dass W bei Stellung eines erneuten Antrags für eines der folgenden „Großen Sommerfeste" ebenfalls abgelehnt werden wird. Da es sich hier um eine Prognoseentscheidung handelt, ist eine absolute Sicherheit nicht erforderlich, so dass vorliegend die Wiederholungsgefahr bejaht werden kann.

6. Klagegegner

Richtiger Klagegegner ist vorliegend aufgrund des Rechtsträgerprinzips (§ 78 Abs. 1 Nr. 1 VwGO analog) die Stadt S.

7. Zwischenergebnis

Folglich ist die Klage zulässig.

III. Begründetheit

Die Klage müsste auch begründet sein. Das wäre dann der Fall, wenn die Ablehnung des Antrags des W rechtswidrig war und W dadurch in seinen Rechten verletzt wurde, § 113 Abs. 1 S. 4 VwGO analog.

1. Rechtsgrundlage

Als Rechtsgrundlage auf Zulassung zu dem „Grossen Sommerfest" könnte vorliegend § 8 Abs. 2 GO NRW in Betracht kommen[12].

Dies wäre jedoch dann nicht der Fall, wenn es sich bei dem „Großen Sommerfest" um ein Gewerbe handeln würde, da sich die Zulassung dann nach § 70 Abs. 1 GewO als lex specials gegenüber § 8 Abs. 2 GO NRW richten würde. Da jedoch eine Festsetzung gem. § 69 Abs. 1 GewO nicht erfolgte, scheidet eine Zulassung nach § 70 GewO aus. Folglich ist § 8 Abs. 2 GO NRW die richtige Anspruchsgrundlage.

Fraglich ist jedoch, ob W sich hierauf auch berufen kann. Denn nach § 8 Abs. 2 GO NRW sind nur Einwohner berechtigt, die öffentlichen Einrichtungen der Gemeinde zu nutzen. Einwohner ist, wer in der Gemeinde wohnt, § 21 Abs. 1 GO NRW. Dies ist bei W nicht der Fall. Jedoch könnte § 8 Abs. 3 GO NRW Anwendung finden. W ist als Gewerbetreibender zu qualifizieren und es handelt sich beim „Großen Sommerfest" auch um eine öffentliche Einrichtung, die für Gewerbetreibende besteht. Dem steht nicht entgegen, dass es sich nicht um eine Veranstaltung i. S. d. GewO handelt, da sonst eine Vielzahl von Einrichtungen aus dem Anwendungsbereich des § 8 Abs. 3 GO NRW herausfallen würden.

2. Formelle Voraussetzungen

Fraglich ist zunächst die formelle Rechtmäßigkeit der Ablehnung.

---

[12] Regelungen bezüglich der Zulassung zu einer öffentlichen Einrichtung finden sich in den weiteren Bundesländern in: § 10 Abs. 2 GemO **BaWü**; § 21 GO **Bay**; § 20 **HGO**; § 12 **BbgKVerf**; § 14 Abs. 2 GO **RhPflz**; § 30 **NKomVG**; § 10 Abs. 2 **SächsGemO**; § 14 Abs. 1 **ThürKO**; § 18 Abs.1 GO **SchleswHol**; § 19 Abs. 1 **KSVG**; § 24 **KVG LSA**; § 14 Abs. 2 **KV MV**.

a) Zuständigkeit

Es müsste die zuständige Behörde gehandelt haben. Die Zulassung zu öffentlichen Einrichtungen fällt gem. § 8 Abs. 1 GO NRW in den Zuständigkeitsbereich der Gemeinden. Fraglich ist jedoch, ob auch das **zuständige Organ** gehandelt hat. Grundsätzlich ist gem. § 41 Abs. 1 GO NRW der Rat für alle Angelegenheiten der Gemeinde zuständig. Jedoch ergibt sich aus § 41 Abs. 3 GO NRW, dass die so genannten Geschäfte der laufenden Verwaltung als auf den Bürgermeister übertragen gelten.

Entscheidend ist daher für die Frage der Zuständigkeit, ob es sich bei der Zulassung zum „Großen Sommerfest" um eine **Angelegenheit der laufenden Verwaltung** handelt. Unter einer Angelegenheit der laufenden Verwaltung werden solche Angelegenheiten verstanden, die weder grundsätzlich noch für den Gemeindehaushalt von erheblicher Bedeutung sind und normalerweise in der Gemeinde anfallen. Hierbei können als Kriterien die Bedeutung des Geschäfts, die Häufigkeit des Geschäfts, Größe und Umfang des Haushaltsvolumens der Gemeinde und die sachliche und personelle Ausstattung der Gemeinde herangezogen werden.

Vorliegend kann zunächst berücksichtigt werden, dass das „Große Sommerfest" nur einmal im Jahr stattfindet, es sich somit nicht um einen Routinevorgang handelt. Ferner zieht das „Große Sommerfest" Zuschauer und Aussteller „von nah und fern" an, so dass auch ein überregionaler Rahmen gegeben ist. Aufgrund des überregionalen Interesses ist das „Große Sommerfest" auch geeignet, als Imageträger für die S eventuell Investoren oder andere Gewerbetreibende anzuziehen. Daher ist grundsätzlich davon auszugehen, dass es sich nicht um ein Geschäft der laufenden Verwaltung handelt.

Ein anderes Ergebnis wäre nur dann möglich, wenn der Rat bereits durch Aufstellung von Richtlinien zur Vergabe der Plätze auf dem „Großen Sommerfest" einen gewissen rechtlichen Rahmen geschaffen hätte.
Es ist nämlich anerkannt, dass der Rat die Möglichkeit hat, durch Richtlinien eine Vorauswahl zu treffen (beispielsweise, ob ein Bewerber *bekannt und bewährt* ist, wobei hier auch immer eine Öffnungsklausel für Neubewerber vorgesehen werden muss). Im

Rahmen dieser Vorauswahl kann dann die konkrete Entscheidung dem Bürgermeister überlassen werden. Eine solche Richtlinie wurde jedoch durch den Rat nicht erstellt. Daher war der Bürgermeister nicht für die Vergabe bzw. Ablehnung der Zulassung zum „Großen Sommerfest" zuständig.

Fraglich ist, ob die Ablehnung deshalb sogar **nichtig** war. Dies könnte sich aus § 44 Abs. 1 VwVfG NRW ergeben. Dann müsste der Verwaltungsakt an einem besonders **schwerwiegenden Fehler** leiden und dies bei verständiger Würdigung aller in Betracht kommenden Umstände offensichtlich sein. Dann müsste es sich um einen schweren Widerspruch zur Rechtsordnung handeln, so dass es unerträglich wäre, wenn der Verwaltungsakt die mit ihm intendierten Rechtswirkungen hätte. Dies erscheint vorliegend fraglich, da sich die Beurteilung der Zuständigkeit erst aufgrund der Auslegung des Begriffes der „Geschäfte der laufenden Verwaltung" ergibt. Hierbei handelt es sich um einen unbestimmten Rechtsbegriff, der einer Auslegung bedarf. Daher handelt es sich nicht um einen offensichtlichen Fehler, so dass eine Nichtigkeit gem. § 44 Abs. 1 VwVfG ausscheidet.

Für eine **Heilung des Formmangels** gem. § 45 VwVfG NRW ist nichts ersichtlich, zumal die Norm nur Verahrens- und Formfehler erfasst, was ebenso für § 46 VwVfG NRW gilt. Daher bleibt es bei der **Rechtswidrigkeit des Verwaltungsaktes** aufgrund des Handelns des unzuständigen Organs. Mithin ist der Verwaltungsakt formell rechtswidrig.

b) Verfahren und Form

An der Rechtmäßigkeit des Verfahrens sowie der Einhaltung der Form (der Verwaltungsakt wurde W gegenüber schriftlich erlassen) bestehen hingegen keine Zweifel.

3. Materielle Voraussetzungen

Fraglich ist ferner, ob die Voraussetzungen des § 8 Abs. 2 GO NRW gegeben waren.

a) Öffentliche Einrichtung i. S. v. § 8 Abs. 2 GO NRW

Zunächst müsste es sich bei dem Volksfest um eine öffentliche Einrichtung gem. § 8 Abs. 1 GO NRW handeln. Eine öffentliche Einrichtung ist eine Zusammenfassung personeller Kräfte und sachlicher Mittel, die von der Gemeinde zu Zwecken der Daseinsvorsorge durch **Widmung** bereitgestellt worden sind zum Zweck der bestimmungsgemäßen Nutzung durch die Einwohner. Im Rahmen des „Großen Sommerfests" ist von einer solchen Einrichtung auszugehen. Wie bereits geprüft, kann W als Gewerbetreibender i. S. d. § 8 Abs. 3 GO NRW auch einen Anspruch auf Zulassung geltend machen, obwohl er kein Einwohner ist. Damit ist er grundsätzlich berechtigt, zu der öffentlichen Einrichtung zugelassen zu werden.

b) Anspruch auf Zulassung nur i. R. d. Kapazitäten

Somit besteht grundsätzlich ein Anspruch des W auf Zulassung. Es ist jedoch allgemein anerkannt, dass der Zulassungsanspruch durch die vorhandenen Kapazitäten beschränkt wird, da gem. § 8 Abs. 2 GO NRW der Anspruch nur im Rahmen „des geltenden Rechts" besteht. Daher ist der Anspruch dann ausgeschlossen, wenn die Kapazitäten erschöpft sind. Vorliegend wurden alle Plätze bereits vor dem Antrag des W vergeben. Insoweit gilt der **Prioritätsgrundsatz**, so dass die Ablehnung des Antrags des W diesbezüglich rechtmäßig war.

c) Anspruch aufgrund des Standes des Vaters

W ist der Ansicht, dass er auf jeden Fall deshalb einen Anspruch auf den Standplatz haben müsste, da sein Vater diesen bereits betrieben hat. Zu prüfen ist daher, ob sich aus dem damaligen Stand des Vaters ein Anspruch des W ergeben könnte. Dies könnte sich aus der Überlegung ergeben, dass es sich bei dem Merkmal **„bekannt und bewährt"** ebenfalls um ein Auswahlkriterium handelt.

Hierbei ist zunächst zu berücksichtigen, dass die Anforderungen an einen Standinhaber höchstpersönliche Pflichten darstellen und daher eine Rechtsnachfolge grundsätzlich ausscheidet. Ferner hat der Vater des W die entsprechenden Auflagen der S nicht erfüllt und kann daher auch nicht als „bekannt und bewährt" qualifiziert werden. Schließlich finden „bekannte und bewährte" Aussteller ebenfalls ihre Grenzen in den jeweiligen Kapazitäten. Folglich ergibt sich auch unter Berücksichtigung des früheren Standes des Vaters kein Anspruch auf Zulassung.

4. Verletzung eigener Rechte

W ist durch die Ablehnung der Genehmigung auch in seinem Recht aus Art. 12 Abs. 1 GG (§ 113 Abs. 1 S. 4 VwGO) betroffen.

IV. Ergebnis

In materiellrechtlicher Hinsicht war die Entscheidung des Bürgermeisters zwar nicht zu beanstanden. Aufgrund der formellen Rechtswidrigkeit des Verwaltungsakts (Handeln des unzuständigen Organs) ist die Klage aber begründet. Folglich wird die Klage insgesamt Erfolg haben.

▸ **Literatur zum „Klausur-Klassiker" Zulassung zu Öffentlichen Einrichtungen**

- Erichsen/Frenz, **Jura** 1996, 213 (Klausur)
- Erichsen, **Jura** 1986, 148; 196 (Grundlagenwissen)
- Püttner, **JA** 1984, 121; 274 (Grundlagenwissen)
- Gornig, **JuS** 1992, 857 (Klausur „Parteitag in der Stadthalle")
- Leimkühler, **JA** 1997, 765 (Klausur)
- Kelm, **JA** 1999, 217 (Klausur)

Die Beschlüsse sind rechtmäßig, wenn sie formell und materiell rechtmäßig aufgrund einer Ermächtigungsgrundlage gefasst worden sind.

I. Namensgebung der „Sommermärchen-Allee"

1. Rechtsgrundlage

Zunächst müsste für die Namensgebung der neuen Straße eine Rechtsgrundlage existieren. Vorliegend kommt § 4 Abs. 2 S. 3 StrWG NRW[13] in Betracht.

2. Formelle Rechtmäßigkeit

Der Ratsbeschluss müsste formell rechtmäßig sein.

a) Zuständigkeit

Hierzu müsste zunächst das zuständige Organ gehandelt haben. Fraglich ist, ob der Rat für die Namensgebung einer Straße zuständig ist. Dies ist aufgrund der Allzuständigkeit des Rates (§ 41 Abs. 1 GO NRW) grundsätzlich der Fall. Etwas anderes würde nur bei einem Geschäft der laufenden Verwaltung gelten. Da die Namensgebung einer Straße jedoch ein einmaliger Vorgang ist, fehlt es bereits am Merkmal einer häufiger zu entscheidenden Angelegenheit. Somit war der Rat zuständig.

b) Verfahren

Fraglich ist, ob die Ratssitzung ordnungsgemäß durchgeführt wurde. Dies könnte zum einen deshalb zweifelhaft sein, weil M nicht geladen wurde und zum anderen, weil S sich an der Abstimmung beteiligt hat.

aa) Ladung des M

M müsste ordnungsgemäß geladen worden sein (§ 47 Abs. 2 GO NRW). Hierbei kann festgehalten werden, dass die übrigen Rats-

---

[13] Regelungen bezüglich der Namensgebung von Straßen finden sich in anderen Bundesländern in: § 5 Abs. 4 GemO **BaWü**; Art. 52 **Bay**StrWG; § 28 II Nr. 13 **BbgKVerf**; § 58 Abs. 2 S.1 Nr. 1 **NKomVG**; § 5 Abs. 4 **SächsGemO**; § 45 Abs. 6 **ThürKO**; § 47 Abs. 1 StrWG **SchleswHol**; § 51 StrWG **MV**; § 45 Abs. 3 Nr. 1 KVG **LSA**.

mitglieder ordnungsgemäß geladen wurden, da die Ladungen Mitte September versandt wurden und somit die von der Geschäftsordnung vorgesehene 14-tägige Ladungsfrist gewahrt wurde. Problematisch ist hingegen, ob auch M ordnungsgemäß geladen wurde. Eine ordnungsgemäße Ladung könnte allenfalls darin gesehen werden, dass M ohnehin von der Sitzung wusste. Jedoch verlangt die Geschäftsordnung des Rates ausdrücklich eine schriftliche Ladung. Daher war M nicht ordnungsgemäß geladen.

Fraglich ist, welche Rechtsfolgen sich hieraus ergeben. Da die GO NRW keine Regelungen bezüglich der Ladung enthält, sondern nur auf die Geschäftsordnung des Rates verweist, wird vertreten, dass ein Verstoß gegen die Ladungsvorschriften nicht zur Unwirksamkeit des Ratsbeschlusses führt. Diese Frage ist jedoch strittig. Allerdings könnte ein Streitentscheid dahinstehen, wenn der Verstoß **geheilt** worden wäre. Vorliegend ist M nämlich pünktlich zur Sitzung erschienen und hat sich nicht aufgrund der fehlenden Ladung beschwert, dass er sich beispielsweise nicht vorbereiten konnte. Sinn und Zweck der Ladung ist es, allen Ratsmitgliedern die Möglichkeit zu geben, rechtzeitig von der Ansetzung einer Ratssitzung zu erfahren und sich entsprechend auf die Ratssitzung vorbereiten zu können. M wusste ohnehin von der Sitzung, ist daher pünktlich erschienen und macht auch nicht geltend, durch das Ausbleiben der Ladung einen Nachteil erlitten zu haben. Daher ist der Verstoß vorbehaltlich des oben dargestellten Streits auf jeden Fall geheilt worden.

bb) Mitwirkung des S / Mitwirkungsverbot

Zu prüfen ist, ob S sich an der Abstimmung beteiligen durfte. Ein Beteiligungsverbot könnte sich aus §§ 50 Abs. 6, 31 Abs. 1 Nr. 1 GO NRW ergeben. Dann müsste S durch die Entscheidung einen **unmittelbaren Vorteil** erlangen. Unmittelbar ist ein Vorteil, wenn die Entscheidung eine natürliche oder juristische Person direkt berührt, § 31 Abs. 1 a. E. GO NRW. Hier ist bereits das Vorliegen eines unmittelbaren Vorteils fraglich, da S sich durch die Namensgebung nur eine Ankurbelung seiner Geschäfte erhofft. Ob die Umsätze des S tatsächlich von der Namensgebung einer Straße betroffen werden, ist eher fraglich.

Gleichwohl ist auch zu berücksichtigen, dass S bereits durch die Diskussion um seine Beteiligung ein gewisses Maß an Aufmerksamkeit erlangen konnte. Diese Problematik kann jedoch letztlich dahinstehen, wenn ein Ausschlussgrund gem. § 31 Abs. 3 GO NRW greifen würde. Vorliegend ist an § 31 Abs. 3 Nr. 1 GO NRW zu denken. Hiernach kommt ein Ausschluss nicht in Betracht, wenn der Vorteil oder Nachteil nur darauf beruht, dass jemand einer Berufs- oder Bevölkerungsgruppe angehört, deren gemeinsame Interessen durch die Angelegenheit berührt werden. S ist Einzelhändler und erhofft sich eine Ankurbelung der Nachfrage für Sportartikel. Diese Nachfrageerhöhung würde jedoch alle Unternehmer in diesem Bereich betreffen, so dass es sich um die gleiche Berufsgruppe im Sinne des § 31 Abs. 3 Nr. 1 GO NRW handelt. Daher ist die Beteiligung des S an der Abstimmung nicht zu beanstanden.

c) Form

An der Rechtswirksamkeit der Form des Ratsbeschlusses bestehen keine Zweifel.

3. Materielle Rechtmäßigkeit

Gem. § 4 Abs. 2 S. 3 StrWG NRW können die Gemeinden Straßen mit einem Namen bezeichnen. Hierbei sind die Gemeinden grundsätzlich autonom. Fraglich ist daher allein, ob die Auswahl ermessensfehlerhaft erfolgte. Das könnte etwa dann der Fall sein, wenn ein Straßenname mehrfach vergeben wird und so zur Verwirrung für Ortsunkundige beiträgt oder wenn der Straßenname für seine Bewohner beleidigend wäre, beispielsweise eine „Idiotengasse". Vorliegend ist jedoch nicht ersichtlich, dass die Namensgebung als „Sommermärchen-Allee" ermessensfehlerhaft erfolgte. Daher war die Namensgebung materiell rechtmäßig.

4. Ergebnis

Folglich war die Namensgebung rechtmäßig.

II. Der Rauswurf des R

Weiterhin ist zu prüfen, ob der Rauswurf des Reporters R rechtmäßig war.

1. Rechtsgrundlage

Rechtsgrundlage ist vorliegend § 51 GO NRW[14].

2. Formelle Rechtmäßigkeit

Zuständig ist gem. § 51 Abs. 1 GO NRW der Bürgermeister. Sonst bestehen keine Zweifel an der formellen Rechtmäßigkeit der Maßnahme. Eine Anhörung gem. § 28 Abs. 1 VwVfG NRW ist in den Ermahnungen des R zu sehen.

3. Materielle Rechtmäßigkeit

Fraglich ist, ob die Verweisung nach § 51 Abs. 1 GO NRW rechtmäßig war. Zunächst ist zu prüfen, ob es sich bei § 51 Abs. 1 GO NRW um eine **Aufgaben- oder Befugnisnorm** handelt. Hierbei ist davon auszugehen, dass es sich um eine Befugnisnorm handelt, da das Hausrecht sonst leer liefe. Aufgabe des Hausrechts ist es, die Ordnung in den Sitzungen gewährleisten zu können. Bei der Ausübung des Hausrechts ist der Bürgermeister grundsätzlich autonom, hat jedoch insbesondere den Verhältnismäßigkeitsgrundsatz zu beachten.

Im Rahmen der Ausübung des Hausrechts muss zwischen Zuhörern und Ratsmitgliedern differenziert werden, da Zuhörer grundsätzlich alles zu unterlassen haben, was den Ablauf der Sitzung stört, während bei Ratsmitgliedern ein weiterer Maßstab anzulegen ist. Vorliegend hat R aufgrund des Mitlaufenlassens des Tonbands und seines folgenden Protests die Sitzung nachhaltig gestört. R hat trotz mehrerer Hinweise des Bürgermeisters seinen Standpunkt beibehalten und damit weitere Journalisten angestachelt. Eine Verweisung stellt sich zwar als ultima ratio dar, jedoch ist im vorliegenden Fall kein milderes Mittel mehr ersichtlich, um die Ordnung in der Ratssitzung wiederherzustellen.

Fraglich ist allein, ob sich eine Ermessensreduzierung auf Null daraus ergeben könnte, dass R sich auf die **Pressefreiheit** beruft.

---

[14] Regelungen bezüglich des Hausrechts finden sich in den weiteren Bundesländern in: § 36 GemO **BaWü**; Art. 53 **BayGO**; § 37 **BbgKVerf**; § 36 Abs. 2 GO **RhPflz**; § 60 **HGO**; § 63 **NKomVG**; § 38 Abs. 1 **SächsGemO**; § 41 **ThürKO**; § 37 GO **SchleswHol**; § 43 Abs. 1 **KSVG**; § 57 KVG **LSA**; § 29 Abs. 1 KV **MV**.

> **Klausurhinweis:** Über eine Ermessensreduzierung auf Null kann in vielen Klausuren der Weg in die Prüfung von Grundrechten gefunden werden. Wenn durch die Entscheidung Grundrechte verletzt würden, gibt es nur noch eine richtige Entscheidung, nämlich diejenige, die Grundrechte nicht verletzt. Daher ist insoweit das Ermessen der Behörde auf Null reduziert.

a) Schutzbereich der Pressefreiheit

Zunächst müsste der Schutzbereich der Pressefreiheit (Art. 5 Abs. 1 GG) eröffnet sein. Grundrechtsberechtigt sind alle im Pressewesen tätigen Personen und Unternehmen, somit auch R als Journalist. Sachlich geschützt wird die Produktion und Verbreitung von Meinungen durch Nutzung eines bestimmten Mediums, wobei der gesamte Prozess geschützt wird, insbesondere auch die Information zur Vorbereitung der eigentlichen Pressetätigkeit. Der Besuch der Ratssitzung und der Einsatz eines Tonbandes sind Vorbereitungshandlungen für die Berichterstattung und somit vom Schutzbereich der Presse erfasst.

b) Eingriff

Durch die Verweisung wurde auch in den Schutzbereich eingegriffen.

c) Schranken

Das Grundrecht der Pressefreiheit wird nicht schrankenlos gewährleistet. Gem. Art. 5 Abs. 2 GG finden diese Rechte ihre Schranken unter anderem in den Vorschriften der allgemeinen Gesetze. Dann müsste es sich bei der Befugnis des Ratsvorsitzenden, einem Reporter Tonbandaufzeichnungen in einer öffentlichen Sitzung zu untersagen, um eine zulässige, in den allgemeinen Gesetzen begründete Schranke der Pressefreiheit im Sinne des Art. 5 Abs. 1 Satz 2 GG handeln. Auch die Sitzungsgewalt des Ratsvorsitzenden stellt ein allgemeines Gesetz dar. Gerade in ländlichen Gemeinden gibt es viele weniger redegewandte Ratsmitglieder. Es besteht die Gefahr, dass diese durch das Bewusstsein des Tonmitschnitts ihre Spontaneität verlieren, ihre Meinung nicht mehr "geradeheraus" vertreten oder schweigen, wo sie sonst gesprochen hätten.

Tonbandaufzeichnungen entfalten für den Aufgenommenen erhebliche Wirkung, weil sie jede Nuance der Rede, einschließlich der rhetorischen Fehlleistungen, der sprachlichen Unzulänglichkeiten und der Gemütsbewegungen des Redners, dauerhaft und ständig reproduzierbar konservieren. Auch kann die Qualität einer Berichterstattung über die Diskussion und Lösung kommunalpolitischer Probleme nicht davon abhängen, dass jede in der Sitzung gefallene Äußerung nach genauem Wortlaut, Tonfall und emotionaler Färbung auf Dauer technisch festgehalten wird.

Soweit im Einzelfall ein Interesse an der wortgetreuen Wiedergabe von Redepassagen besteht, eröffnen die Mittel der Schrift genügend Möglichkeiten, exakt zu berichten. Auch insoweit stellt die Tonbandaufzeichnung weder ein wesentliches noch gar ein unersetzliches Mittel zur Beschaffung von Informationen über den Ablauf öffentlicher Sitzungen von Gemeindevertretungen dar. Aus alledem folgt, dass der vom Kläger geltend gemachte Anspruch auf allgemeine Zulassung der Aufzeichnung von Ratssitzungen auf Tonband aus der grundrechtlich verbürgten Pressefreiheit nicht abzuleiten ist[15].

Dieses Ergebnis wurde bislang auch von einem Blick auf § 169 GVG gestützt (Unzulässigkeit von Aufnahmen in Gerichtsverhandlungen[16]), um eine von psychologischen Hemmnissen möglichst unbeeinträchtigte Atmosphäre zu gewährleisten. Ob sich eine Schranke ferner, wie teilweise vertreten, auch aus dem allgemeinen Persönlichkeitsrecht des betroffenen Ratsmitglieds ergibt, kann daher an dieser Stelle offen bleiben, dürfte jedoch abzulehnen sein, da es hier allein um die organschaftlichen Rechte des Ratsmitglieds geht[17].

4. Ergebnis

Somit war der Verweis rechtmäßig.

III. Gesamtergebnis

Mithin waren beide Beschlüsse rechtmäßig.
▶ **Literatur zur „Befangenheit"/ Mitwirkungsverboten**
📖 Wilrich, **JuS** 2003, 587 *(Klausur)*
📖 Molitor, **JA** 1992, 303 *(Grundlagenwissen)*

---

[15] BVerfG NJW 1991, 118, 119.
[16] Seit 19.04.2018 hat der Gesetzgeber in § 169 GVG Ausnahmen vorgesehen.
[17] Vgl. BVerfG, NJW 1991, 118, 119.

Fall 5: Der teure Kindergartenplatz

▸ **Standort:** Kommunale Satzungen, Gebührenstaffelung, Rechtmäßigkeit einer Kindergartenbenutzungssatzung, Grundrechtsprüfung, Grundzüge Abgabenrecht.

Erik (E) und Marta (M) sind seit Studentenzeiten ein Paar. Nachdem beide das Studium beendet haben, beschließen sie, eine Familie zu gründen. Sie mieten eine geräumige Wohnung in der Stadt S an. Ihr Glück ist perfekt, als ihr erstes Kind Klaus (K) zur Welt kommt. Um K an das Leben in einer Gemeinschaft zu gewöhnen, möchten sie K, wenn er etwas älter ist, vormittags in einem Kindergarten anmelden. Im Frühling des Jahres 2021, als K vier Jahre alt ist, finden sie die Kindertagesstätte „St. Bruno", die ihren Vorstellungen voll entspricht. Daraufhin melden sie K dort an. Besonders gut gefällt M und E, dass das Angebot der Kindertagesstätte unentgeltlich ist. Die Kindertagesstätte „St. Bruno" wird von der Stadt S betrieben.

Im Herbst 2021 werden M und E von der Leiterin der Kindertagesstätte darauf hingewiesen, dass für die Nutzung des Kindergartens ab dem 1.1.2022 eine Gebühr fällig wird und es wird ihnen eine entsprechende Gebührsatzung ausgehändigt. Als die Leiterin die langen Gesichter von E und M sieht, klärt sie beide darüber auf, dass die Gebührensätze bestenfalls ein Drittel der tatsächlichen Kosten abdecken, was auch zutrifft.

Die Gebührensatzung lautet:

Kindergartengebührensatzung

§ 1

Allgemeines
(1) Für die Benutzung der Kindergärten haben die gesetzlichen Vertreter der Kinder Gebühren zu entrichten. Mehrere Gebührenpflichtige haften als Gesamtschuldner. Die Gebühren gliedern sich in die Betreuungsgebühr und in das Verpflegungsentgelt.
(2) Die Betreuungsgebühr ist für den Besuch des Kindergartens zu entrichten.
(3) ....

§ 2

Betreuungsgebühren
(1) Für die Zeit ab dem 1.1.2022 bis zum 31.12.2022 beträgt die Betreuungsgebühr jeweils pro Monat für die Betreuung eines Kindes auf einem Halbtagesplatz EUR 217,- und für einen Ganztagesplatz EUR 305,-.
(2) ...
(3) ...
(4) Die Betreuungsgebühr kann auf Antrag ermäßigt werden. Die Betreuungsgebühr ermäßigt sich bei einem monatlichen Familienbruttoeinkommen (FBE) wie folgt:

FBE	Halbtagesplatz	Ganztagesplatz
>= EUR 9.001	EUR 217,-	EUR 305,-
EUR 6.000-9.000	EUR 201,-	EUR 295,-
....	....	....
....	....	.....
<= EUR 4.000,-	EUR 100,-	EUR 160,-

(5) Das monatliche Familieneinkommen im Sinne des Abs. 4 ist das durch zwölf geteilte Bruttojahreseinkommen des vorangegangenen Kalenderjahres aller Familienmitglieder. Ein Ausgleich mit Verlusten ist nicht zulässig. Familie i. S. d. Norm sind die im Haushalt lebenden Personen.

§ 3

Verpflegungsentgelt
(1) ...
(2) ...

Diese Satzung war vom Rat der Stadt S in der Ratssitzung am 28.05.2021 beschlossen worden. Die Geschäftsordnung des Rats der Stadt S sieht vor, dass bei Sitzungen, die länger als drei Stunden dauern, eine Pause von mindestens 30 Minuten einzulegen ist. Hierdurch soll erreicht werden, dass die Ratsmitglieder auch bei längeren Sitzungen der Sache konzentriert folgen können. Die Sitzung am 28.05.2021 begann pünktlich um 11.00 Uhr.

Gegen 13.45 Uhr kam unter den Ratsmitgliedern langsam Unruhe auf, da um 15.00 Uhr das Schützenfest eröffnet wurde, was kein Ratsmitglied verpassen wollte. Daher schlug das Ratsmitglied Reuter (R) vor, die nach der Geschäftsordnung vorgeschriebene Pause ausfallen zu lassen, damit man es noch rechtzeitig zum Beginn des Schützenfests schaffe. Hiermit waren alle Anwesenden einverstanden. Die Pause fiel aus. Die Kindergartensatzung wurde ohne Gegenstimmen um 14.30 Uhr beschlossen und alle Ratsmitglieder schafften es zur allgemeinen Erleichterung pünktlich zum Schützenfest.

E und M sind hierüber nicht glücklich. Sie meinen, dass die Satzung ungerecht sei, da die Bemessungsgrenzen vollkommen willkürlich festgelegt worden seien. Auch liege ein Verstoß gegen den besonderen Schutz der Familie vor, der in der Verfassung stünde. Schließlich seien sie auf jeden Fall in ihrer allgemeinen Handlungsfreiheit eingeschränkt. E, die einmal ein Semester Jura studiert hat, ist der Ansicht, dass bei der Ratssitzung ebenfalls nicht alles mit rechten Dingen zugegangen sei. Ist die Satzung rechtmäßig?

I. Rechtsgrundlage
II. Formelle Rechtmäßigkeit
 1. Zuständigkeit (+)
 2. Verfahren
  a) Verstoß gegen Geschäftsordnung (+)
  b) Fehlerfolgen unbeachtlich
 3. Form
III. Materielle Rechtmäßigkeit
 1. Verstoß gegen Art. 6 GG (-)
 2. Verstoß gegen Art. 3 GG (-)
 3. Verstoß gegen Art. 2 Abs. 1 GG (-)
  a) Schutzbereich und Eingriff
  b) Rechtfertigung
IV. Ergebnis

Vorüberlegung: Das kommunale Abgabenrecht ist als Ausfluss der Finanzhoheit wesentlicher Bestandteil der Selbstverwaltungsgarantie der Gemeinden. Zur Lösung von Fragestellungen aus diesem Bereich ist die Kenntnis einiger Begriffe unumgänglich. So ist stets zwischen **Steuern, Gebühren, Beiträgen** und **sonstigen Abgaben** zu differenzieren. Steuern sind Geldleistungen, die von keiner Gegenleistung abhängen (§ 3 Abs. 1 AO). Gebühren (§ 4 Abs. 2 KAG NRW) und Beiträge werden hingegen als Gegenleistung erhoben, wobei die Gebühr im Gegensatz zum Beitrag an die tatsächliche Nutzung anknüpft.

Im vorliegenden Fall darf die Fülle an Zahlen nicht verwirren. Die entscheidende Information ist, dass durch die Gebühren die Kosten des Kindergartens nicht vollständig getragen werden. Dem Gebührengesetzgeber kommt nämlich bei der Erstellung einer Satzung ein weiter Ermessens- und Beurteilungsspielraum zu, so dass etwa die Frage, ob die Staffelung prozentual gerechtfertigt ist, nur im Rahmen einer Willkürkontrolle Berücksichtigung finden darf.

I. Rechtsgrundlage

Als Rechtsgrundlage für den Erlass der Kindergartensatzung kommt § 7 Abs. 1 GO NRW in Betracht[18].

II. Formelle Rechtmäßigkeit

Die Satzung müsste formell rechtmäßig erlassen worden sein.

1. Zuständigkeit

Vorliegend ist zunächst fraglich, ob der Rat für den Erlass der Satzung zuständig war. Dies wäre gem. § 41 Abs. 3 GO NRW der Fall, wenn es sich nicht um ein Geschäft der laufenden Verwaltung handeln würde. Hierunter werden solche Angelegenheiten verstanden, welche weder grundsätzlich noch für den Gemeinde-

---

[18] Regelungen bezüglich des Erlasses von Satzungen finden sich in den anderen Bundesländern in: § 4 GemO **BaWü**; Art. 24 **BayGO**; § 3 **BbgKVerf**; § 5 **HGO**; § 10 **NKomVG**; §§ 24 ff. GO **RhPflz**; § 4 **Sächs-GemO**; § 20 **ThürKO**; § 4 GO **SchleswHol**; § 12 Abs. 1 **KSVG**; § 8 KVG **LSA**; § 5 KV **MV**.

haushalt von erheblicher Bedeutung sind und normalerweise in der Gemeinde anfallen. Dies ist beim Erlass einer Satzung abzulehnen, da eine Satzung eine Vielzahl von vergleichbaren Fällen regelt, grundsätzlich auf Dauer angelegt ist und sorgfältig unter Abwägung aller Aspekte zu erlassen ist. Somit hat mit dem Rat das zuständige Organ gehandelt.

2. Verfahren

Fraglich ist, ob ein Verfahrensverstoß vorliegt.

a) Verstoß gegen Geschäftsordnung

Die Geschäftsordnung des Rats sieht bei Sitzungen, die länger als drei Stunden dauern, eine Pause von mindestens 30 Minuten vor. Vorliegend dauerte die Sitzung von 11.00 Uhr bis 14.30 Uhr, also 3,5 Stunden. Die vorgeschriebene Pause wurde nicht eingelegt. Fraglich ist, ob sich hieraus ein Verfahrensverstoß ergibt.

Es könnte zunächst überlegt werden, ob die Ratsmitglieder die Geschäftsordnung nicht einvernehmlich geändert haben, da alle Anwesenden damit einverstanden waren, die Pause ausfallen zu lassen. Die Änderung der Geschäftsordnung müsste jedoch schriftlich erfolgen, was vorliegend nicht der Fall war. Ferner müsste auch der Wille, die Geschäftsordnung ändern zu wollen, erkennbar sein, was vorliegend ebenfalls nicht der Fall war. Daher scheidet eine Änderung der Geschäftsordnung aus.

Denkbar wäre weiterhin, dass die Ratsmitglieder nur für diese Sitzung auf den Schutz, den die Vorschrift ja letztlich bieten soll, verzichtet haben. Hierfür wäre es erforderlich, dass die Geschäftsordnung zur Disposition der Ratsmitglieder stünde. Dafür spricht zunächst die Überlegung, dass der Rat selbst die Geschäftsordnung aufstellt und daher auch über deren Handhabung verfügen können muss. Es ist allerdings zu beachten, dass die Geschäftsordnung den Ablauf der Ratssitzungen bestimmen soll. Hierdurch wird auch Transparenz gegenüber den Bürgern hergestellt, deren Interessen der Rat vertreten soll. Wenn nun die Geschäftsordnung willkürlich durch die Ratsmitglieder ohne förmlichen Beschluss verändert werden könnte, würde dies die Erstellung einer Geschäftsordnung faktisch leer laufen lassen. Daher ist ein Verstoß anzunehmen.

b) Fehlerfolgen unbeachtlich

Fraglich ist jedoch, welche Rechtsfolgen sich aus dem Verstoß gegen die Geschäftsordnung ergeben. Verstöße gegen die Geschäftsordnung führen grundsätzlich nicht zu einer Unwirksamkeit des davon betroffenen Ratsbeschlusses, auch wenn dieser einen Rechtssetzungsakt zum Gegenstand hat. Dies folgt aus einem Argument a maiore ad minus zu § 7 Abs. 6 S. 1 GO NRW. Denn wenn schon die Verletzung gesetzlicher Verfahrens- und Formvorschriften unbeachtlich sein kann, dann muss dies erst recht für einen Verstoß gegen die Geschäftsordnung gelten.

Etwas anderes kann nur dann gelten, wenn und soweit eine Vorschrift der Geschäftsordnung verletzt wird, die zwingende gesetzliche Vorschriften wiedergibt. Vorliegend bestehen solche zwingenden gesetzlichen Vorschriften jedoch nicht. Daher ist davon auszugehen, dass zwar ein Verstoß vorlag, dieser jedoch unbeachtlich ist.

3. Form

Zweifel an der Rechtmäßigkeit der Form des Ratsbeschlusses bestehen nicht.

III. Materielle Rechtmäßigkeit

Grundsätzlich ist die Gemeinde innerhalb ihrer Verbandskompetenz autonom. Allerdings gilt auch hier der Vorrang des Gesetzes, d. h. die Gemeinden müssen die gesetzlichen Vorgaben beachten. Insbesondere kann der Umstand, dass eine bestimmte Materie anstatt durch Gesetz oder Rechtsverordnung durch eine Satzung geregelt wird, keine Reduzierung der durch das Grundgesetz normierten Standards bedeuten. Die Bürger müssen sich darauf verlassen können, dass auch beim Erlass einer Satzung die grundrechtlichen und rechtsstaatlichen Anforderungen unverändert gelten.

Zu prüfen ist daher, ob beim Erlass der Satzung Grundrechte missachtet wurden. Es erscheint möglich, dass durch die Kindergartensatzung die Grundrechte aus Art. 6 Abs. 1, 2 Abs. 1 GG oder Art. 3 GG verletzt wurden.

> **Aufbauhinweis:** Bei der Prüfungsreihenfolge von Grundrechten sind mehrere Aspekte zu beachten. So ist stets das spezielle vor dem allgemeinen Grundrecht zu prüfen. Daher ist Art. 2 Abs. 1 GG, wenn die allgemeine Handlungsfreiheit betroffen ist, stets als letztes Grundrecht zu prüfen und nur dann, wenn vorher kein spezielleres Grundrecht einschlägig war. Ferner werden die Abwehrrechte vor den Gleichheitsgrundrechten geprüft, so dass die folgende Prüfungsreihenfolge zwingend ist. Zu beachten ist, dass die Rechtsprechung von diesen Grundsätzen z. T. weit abweicht (vgl. etwa Nachweise bei Sachs/Windthorst, JuS 1999, 857 ff.). Insbesondere im dem Fall zugrunde liegenden Originalurteil[19] wurde die gesamte Prüfung innerhalb von Art. 2 Abs. 1 GG vorgenommen, weshalb dieser vorliegend ebenfalls am Ende der Prüfung dargestellt wird.

1. Art. 6 Abs. 1 GG

Fraglich ist, ob die Satzung gegen den in Art. 6 Abs. 1 GG verbürgten Schutz der Familie verstößt. Allerdings könnte vorliegend das Elternrecht (Art. 6 Abs. 2 S. 3 GG) spezieller sein. Inhalt des grundrechtlich geschützten Elternrechts ist die Sorge für das körperliche Wohl („Pflege") und die geistige und seelische Erziehung der minderjährigen Kinder. Die Rechtsprechung stellt auf Art. 6 Abs. 1 GG ab. Letztlich kann die Entscheidung dahinstehen, wenn es an einem Eingriff fehlt. Vorliegend werden die Kindergartenplätze zu nicht kostendeckenden Entgelten zur Verfügung gestellt. Damit handelt es sich bei wirtschaftlicher Betrachtung sogar um einen Vermögensvorteil, der den Eltern von der Gemeinde zugewendet wird. Ferner besteht auch keine Förderpflicht des Staates, die diesen verpflichtet, jegliche die Familie betreffende Belastung auszugleichen oder die Familie ohne Rücksicht auf andere Belange zu fördern. Daher scheidet eine Verletzung von Art. 6 GG aus.

2. Art. 3 GG

Weiterhin kommt eine Verletzung des allgemeinen Gleichheitsgrundsatzes in Frage. Dies wäre nach der so genannten neuen Formel dann der Fall, wenn wesentlich Gleiches ungleich behandelt würde, ohne dass es dafür einen sachlichen Grund gäbe.

---

[19] BVerfGE 97, 332-349 = NJW 1998, 2128-2131.

Bei Personengruppen ist Art. 3 GG dann verletzt, wenn eine Gruppe anders behandelt wird als die andere, obwohl zwischen Ihnen keine Unterschiede von solcher Art und solchem Gewicht bestehen, dass sie die Ungleichbehandlung rechtfertigen können. Vorliegend besteht der einzige ersichtliche Unterschied in den verschiedenen Einkommensverhältnissen.

Hierin könnte zunächst eine Verletzung der allgemeinen verfassungsrechtlichen Grundsätze des Gebührenrechts liegen. Es ist jedoch in vielen Bereichen, so etwa bei Sozialleistungen oder der Höhe des Steuersatzes anerkannt, dass sich aus unterschiedlichen Einkommen unterschiedliche Belastungen ergeben können.

Vorliegend handelt es sich bei der Art der Abgaben um Gebühren, da sie zumindest anteilig erhoben werden, um die Kosten einer individuell zurechenbaren Leistung zu decken. Dies ist der Unterschied zu Steuern, die gerade keiner Gegenleistung gegenüberstehen. Im Rahmen der Beurteilung der Rechtmäßigkeit von Gebühren ist zu beachten, dass dem Gebührengesetzgeber, also der Gemeinde, ein weiter Entscheidungs- und Beurteilungsspielraum zukommt, innerhalb dessen er auch andere Belange, etwa die Steuerung der Nachfrage, berücksichtigen darf. Daher ist eine Verletzung allgemeiner verfassungsrechtlicher Grundsätze abzulehnen.

Denkbar erscheint weiterhin, in der Staffelung einen Verstoß gegen die Grundsätze der Abgabengerechtigkeit zu sehen. Dieser Grundsatz hat im Steuerrecht eine spezifische Ausprägung in Form der Gleichmäßigkeit der Besteuerung erfahren. Hiernach soll jeder Bürger an der Finanzierung der Gemeinschaft im Rahmen seiner individuellen Mittel und Möglichkeiten beteiligt werden. Vorliegend ist selbst die nach der Kindergartensatzung vorgesehene Höchstgebühr nicht geeignet, die tatsächlichen Kosten zu decken. Daher wird im Ergebnis allen Nutzern ein vermögenswerter Vorteil zugewendet, da selbst die Nutzer, die die volle Gebühr tragen, nicht zur Tragung allgemeiner Lasten oder zur Mitfinanzierung wirtschaftlich schwächerer Nutzer herangezogen werden. Somit liegt auch kein Verstoß gegen den Grundsatz der Abgabengerechtigkeit vor.

Somit ist schließlich zu prüfen, ob es für die Ungleichbehandlung der verschiedenen Einkommensgruppen hinreichende sachliche Gründe gibt. Kindergärten stellen eine wichtige Stütze des Alltags einer Familie dar. Durch ihre Errichtung werden zugleich grundrechtliche Schutz- und Förderpflichten wahrgenommen. Aufgrund der Staffelung der Gebühren wird es daher auch einkommensschwachen Familien ermöglicht, die Leistungen eines Kindergartens zu nutzen. Es bestehen keine Gründe, auch einkommensstärkeren Familien durch Einräumung der gleichen, relativ günstigeren Gebühren die gleiche wirtschaftliche Entlastung einzuräumen, da dies zur Sicherung der allgemeinen Zugänglichkeit nicht erforderlich ist. Somit liegt ein sachlicher Grund für die Ungleichbehandlung vor. Ein Verstoß gegen Art. 3 GG scheidet aus.

3. Art. 2 Abs. 1 GG

Da keine spezielleren Grundrechte verletzt wurden, könnte sich die Rechtswidrigkeit der Satzung nur noch aus einer Verletzung der allgemeinen Handlungsfreiheit (Art. 2 Abs. 1 GG) ergeben.

a) Schutzbereich und Eingriff

Die allgemeine Handlungsfreiheit ist in einem umfassenden Sinn geschützt. Hierunter fällt auch der Anspruch, durch die Staatsgewalt nicht mit einem finanziellen Nachteil belastet zu werden. Indem die Gebührensatzung E und M zur Zahlung einer Gebühr für die Nutzung des Kindergartens verpflichtet, liegt eine Beeinträchtigung der allgemeinen Handlungsfreiheit vor.

b) Rechtfertigung

Dieser Eingriff könnte jedoch gerechtfertigt sein. Dann müsste sich die Kindergartensatzung im Rahmen der verfassungsmäßigen Ordnung bewegen. Dies wäre dann nicht der Fall, wenn die Gebührensatzung nicht **hinreichend bestimmt** wäre. Im Rahmen einer Gebührensatzung wird gefordert, dass klar erkennbar ist, an welche Voraussetzungen die Abgabe anknüpft, wer Abgabenschuldner ist und in welchem Umfang sie erhoben werden darf.

Vorliegend bestimmt § 2 Kindergartengebührensatzung hinreichend klar, welche Gebühren bei welchem Einkommen zu zahlen sind und wie das Einkommen berechnet wird (§ 2 Abs. 5 Kindergartengebührensatzung). Ebenso ist die Person des Abgabenschuldners mit den gesetzlichen Vertretern der Kinder (§ 1 Abs. 1 Kindergartengebührensatzung) klar bezeichnet. Daher ist die Kindergartengebührensatzung auch ausreichend bestimmt.

Im Übrigen wird bezüglich der Vorteile eines Kindergartens und der damit die Abgabe rechtfertigenden Gründe auf die obigen Ausführungen verwiesen. Somit ist der Eingriff aufgrund der wichtigen Rolle von Kindergärten für das Allgemeinwohl gerechtfertigt.

IV. Ergebnis

Folglich ist die Kindergartengebührensatzung rechtmäßig.

> **Exkurs:** Der **Rechtsschutz gegen untergesetzliche Rechtsnormen** bereitet zum Teil Schwierigkeiten. Hierbei hat der Bearbeiter stets zwei Möglichkeiten in Betracht zu ziehen:
>
> Auf der einen Seite kann bei einer Anfechtungs- oder Verpflichtungsklage im Rahmen einer **Inzidentprüfung** die Rechtmäßigkeit einer Satzung überprüft werden, wobei dem Verwaltungsgericht eine Verwerfungskompetenz zusteht.
>
> Anders sieht es bei der **prinzipalen Normenkontrolle** aus. Die verwaltungsgerichtliche Kontrolle untergesetzlicher Normen gem. § 47 VwGO ist in NRW nicht vorgesehen[20]. Daher wird diskutiert, ob eine allgemeine Feststellungsklage die Lücke füllen kann. Die h. M. geht davon aus, dass die Beziehung zwischen Kläger und Verwaltungsträger, welche durch die streitgegenständliche Norm – deren Wirksamkeit unterstellt – konstituiert würde, ein feststellungsfähiges Rechtsverhältnis darstellt. Dies führt jedoch lediglich zu einer Inter-Partes Wirkung der Entscheidung[21].

---

[20] Ebenso in Berlin und Hamburg.
[21] Vgl. ausführlich Kopp/Schenke, 15. Aufl., § 43 Rn. 8 ff.

Fall 6: Kindernot in Schoppenhausen

▸ **Standort:** Selbstverwaltungsrecht der Gemeinde aus Art. 28 Abs. 2 GG, 71 LV; Aufhebung eines Ratsbeschlusses durch Kommunalaufsicht, Rechtsmittel gegen Aufhebung

In der mittleren, kreisangehörigen Stadt Schoppenhausen ist die Geburtenrate von Kindern in den letzten 10 Jahren signifikant zurückgegangen. Daher verlassen immer mehr junge Familien die Stadt. Das Stadtbild ist mehr und mehr von älteren Menschen geprägt. Als das Thema des demoskopischen Übergangs auch den Rat erreicht, beschließt man dort, tätig zu werden.

Um das Leben in Schoppenhausen auch für junge Familien attraktiv zu machen und die Anzahl der Geburten anzukurbeln schlägt ein Ratsmitglied vor, eine finanzielle Beihilfe für Familien zu initiieren. Die Idee stößt auf allgemeine Zustimmung und so fasst der Rat folgenden Beschluss:

(1) Jede Familie, die in Schoppenhausen ihren ersten Wohnsitz hat, erhält ab dem 2. und jedem weiteren Kind eine einmalige Erziehungsbeihilfe in Höhe von 1.000 € je Kind.

(2) ...

Die Aktion wird in der Presse mit großem Echo aufgenommen, so dass auch alsbald der zuständige Landrat hiervon erfährt. Dieser ist von der Idee jedoch weniger begeistert. Daher weist der Landrat den Bürgermeister an, den Beschluss zu beanstanden. Der Bürgermeister ist hierüber jedoch mehr als empört, da ihm insbesondere das positive Medienecho sehr gut gefiel. Auch handelt es sich hierbei seiner Meinung nach um eine ausgezeichnete Idee, um Schoppenhausen vor dem Aussterben zu retten. Daher kommt er der Weisung des Landrats nicht nach, woraufhin dieser den Beschluss selbst beanstandet. Der Rat reagiert hierauf nicht.

Daraufhin hebt der Landrat den Beschluss des Rates auf. Hierüber ist man in Schoppenhausen mehr als entsetzt. Schließlich sei die Autonomie der Gemeinde sogar in der Verfassung festgeschrieben, welche hier vom Landrat mit Füßen getreten werde. Der Bürgermeister von Schoppenhausen fragt sich, ob das Vorgehen der Aufsicht so rechtmäßig war.

Emil, ein Einwohner aus Schoppenhausen, hat das Debakel gleich kommen sehen, da er von Anfang an der Meinung war, dass die „Wurfprämie", wie er sie nennt, die Probleme nicht lösen würde. Daher ist er froh, dass die Aufsicht eingeschritten ist. Allerdings ist er der Meinung, dass die Aufsicht nicht immer so auf Zack war. Er fragt sich, ob er als Einwohner von Schoppenhausen dazu berechtigt ist, die Aufsicht zu einem Einschreiten zu veranlassen.

War die Aufhebung des Ratsbeschlusses rechtmäßig und hätte E auch einen eigenen Anspruch auf Einschreiten gehabt?

I. Aufhebung des Ratsbeschlusses
1. Rechtsgrundlage
2. Formelle Rechtmäßigkeit (+)
  a) Zuständigkeit
  b) Verfahren
   aa) Anweisung zur Beanstandung an den Bürgermeister
   bb) Beanstandung durch die Kommunalaufsicht
  c) Form
3. Materielle Rechtmäßigkeit (-)
4. Ergebnis
II. Anspruch des E (-)

Vorüberlegung: Im Bereich der Kommunalaufsicht muss stets zwischen den Formen der *repressiven* und der *präventiven* Aufsicht unterschieden werden, wobei im Rahmen der repressiven Aufsicht alle Entscheidungen der Gemeinde überprüft werden können, während die präventive Aufsicht einen Genehmigungsvorbehalt voraussetzt (z. B. § 87 Abs. 1 GO NRW). Ferner muss zwischen der *Rechts- und der Fachaufsicht* unterschieden werden, wobei im Rahmen der Rechtsaufsicht nur kontrolliert wird, ob die Gemeinde im Rahmen von Recht und Gesetz gehandelt hat, während im Bereich der Fachaufsicht Entscheidungen auch auf ihre Zweckmäßigkeit hin untersucht werden können.

Vorliegend ist, wie häufig im öffentlichen Recht, genau zwischen den unterschiedlichen Maßnahmen der Aufsicht zu differenzieren. Um Wiederholungen im Rahmen der Prüfung zu vermeiden, werden sowohl die „Anweisung zur Beanstandung an den Bürgermeister" als auch die „Beanstandung durch die Kommunalaufsicht" unter dem Prüfungspunkt „Verfahren" im Rahmen der formellen Rechtmäßigkeit behandelt. Hier ist auch ein anderer Aufbau vertretbar, etwa alle Maßnahmen der Aufsicht jeweils separat hintereinander weg zu prüfen.

I. Die Aufhebung des Ratsbeschlusses

1. Rechtsgrundlage

Als Rechtsgrundlage kommt zunächst § 122 Abs. 1 S. 2 GO NRW[22] in Betracht. Hierbei sieht § 122 GO NRW jedoch vor, dass der Bürgermeister den Beschluss beanstandet hat, was vorliegend gerade nicht geschehen ist. Daher könnte man auch annehmen, dass statt § 122 Abs. 1 S. 2 GO NRW vielmehr § 123 Abs. 2 GO NRW richtige Rechtsgrundlage sein könnte. § 123 Abs. 2 GO NRW betrifft nämlich den Fall, dass die Gemeinde ihren Pflichten nicht nachkommt. Hier hat sich der Bürgermeister als Organ der Gemeinde geweigert, den Anordnungen der Kommunalaufsicht Folge zu leisten. Daher könnte man davon ausgehen, dass § 123 Abs. 2 GO NRW richtige Rechtsgrundlage ist. Jedoch ist davon auszugehen, dass § 122 Abs. 1 S. 2 GO NRW einschlägig ist, da es sich hierbei für den Fall der Beanstandung um lex specialis gegenüber § 123 Abs. 2 GO NRW handelt.

2. Formelle Rechtmäßigkeit

Die Aufhebung müsste zunächst formell rechtmäßig ergangen sein.

---

[22] Regelungen bezüglich der (Rechts-) Aufsicht finden sich in anderen Bundesländern in: §§ 118 ff. GemO **BaWü;** Art. 108 ff. **BayGO;** §§ 11, 135 ff. **HGO;** §§ 108 ff. **BbgKVerf;** §§ 170 ff. **NKomVG;** §§ 117 ff. GO **RhPflz;** §§ 111 ff. **SächsGemO;** §§ 116 ff. **ThürKO;** §§ 120 ff. GO **SchleswHol;** §§ 127 ff. **KSVG;** §§ 143 ff. KVG **LSA;** §§ 78 ff. KV **MV.**

a) Zuständigkeit

Es müsste die zuständige Behörde gehandelt haben. Gem. § 120 Abs. 1 GO NRW ist der Landrat als untere staatliche Verwaltungsbehörde zuständig, welcher vorliegend auch gehandelt hat.

b) Verfahren

Fraglich ist, ob die Aufsicht das Verfahren korrekt durchgeführt hat. Der Verfahrensablauf wird durch die §§ 122 f. GO NRW normiert. Hierbei ist zwischen der *Anweisung zur Beanstandung* an den Bürgermeister und der *eigentlichen Beanstandung* zu unterscheiden.

aa) Anweisung zur Beanstandung an den Bürgermeister

Das Recht, den Bürgermeister anzuweisen, einen Ratsbeschluss zu beanstanden, ergibt sich aus § 122 Abs. 1 S. 1 GO NRW. Als Voraussetzungen nennt § 122 Abs. 1 S. 1 GO NRW lediglich die Rechtswidrigkeit des Beschlusses. Diese ist im Rahmen der materiellen Rechtmäßigkeit zu prüfen. An der formellen Rechtmäßigkeit bestehen keine Zweifel.

bb) Beanstandung durch Aufsicht

Anschließend hat der Landrat den Beschluss selbst beanstandet. Dies könnte problematisch sein, da § 122 Abs. 1 GO NRW nur eine Beanstandung durch den Bürgermeister vorsieht, die dieser jedoch gerade verweigert hat. Fraglich ist deshalb, ob in diesem Fall die Beanstandung durch die Aufsicht das richtige Verfahren darstellt.

Der Bürgermeister ist bei der durch ihn aufgrund der Weisung der Aufsichtsbehörde durchzuführenden Beanstandung nur nachgeordnete Behörde. Es handelt sich bei der Anweisung zur Beanstandung um eine innerdienstliche Weisung, so dass die Weigerung des Bürgermeisters rechtswidrig ist. Fraglich ist daher, ob eine Beanstandung durch die Aufsicht gem. §§ 122, 123 GO NRW analog in Frage kommt. Dann müsste eine planwidrige Regelungslücke bei einer vergleichbaren Rechtslage bestehen.

Die GO NRW geht davon aus, dass ein Bürgermeister als Organ einer Gemeinde rechtmäßig handelt. Daher ist der Fall, dass der Bürgermeister sich weigert, seinen Pflichten nachzukommen, nicht geregelt. Es handelt sich auch um eine vergleichbare Interessenlage, da eine förmliche Beanstandung eines Ratsbeschlusses nach der GO NRW zwingend durchgeführt werden muss und andernfalls der Bürgermeister durch seine Weigerung das Verfahren ins Leere laufen lassen könnte. Denn ohne die Beanstandung sind noch nicht alle Voraussetzungen des § 122 Abs. 1 GO NRW erfüllt. Daher stellt die Beanstandung durch die Aufsicht gem. §§ 122, 123 GO NRW analog das richtige Verfahren dar.

c) Form

Die Form ist nicht zu beanstanden.

3. Materielle Rechtmäßigkeit

Die Aufhebung des Beschlusses wäre rechtmäßig, wenn der Beschluss geltendes Recht verletzt hätte. Vorliegend ist fraglich, ob die Gemeinde im Rahmen ihrer Kompetenz gehandelt hat. Die Kompetenz der Gemeinde ergibt sich vorliegend aus Art. 28 Abs. 2 S. 1 GG.

Dann müsste es sich um eine Angelegenheit der örtlichen Gemeinschaft (Art. 28 Abs. 2 S. 1 GG) handeln. Hierunter fallen diejenigen Bedürfnisse und Interessen, die in der örtlichen Gemeinschaft wurzeln oder auf sie einen spezifischen Bezug haben, die also den Gemeindeeinwohnern gerade als solchen gemeinsam sind, indem sie das Zusammenleben und -wohnen der Menschen in der Gemeinde betreffen. Dabei bilden die Angelegenheiten weder einen ein für allemal feststehenden Aufgabenkreis noch sind diese für alle Gemeinden ungeachtet ihrer Einwohnerzahl, Struktur und flächenmäßigen Ausdehnung gleich.

Die Gemeinde verfolgt mit der Erziehungsbeihilfe das Ziel, die durch die Gewährung von Unterhalt für Kinder entstehenden wirtschaftlichen Mehrbelastungen zu mindern, womit die Beihilfe ausschließlich an die wirtschaftliche Mehrbelastung für Familien anknüpft. Hierbei handelt es sich um eine nicht zweckgebundene Leistung der Gemeinde aus ihrem Steueraufkommen, womit sich die Beihilfe als eine Maßnahme des allgemeinen Familienlastenausgleichs darstellt. Der allgemeine Familienlastenausgleich wiederum ist eine gesamtgesellschaftliche Aufgabe, die keinen spezifischen Ortsbezug aufweist. Daher könnte es sich vorliegend um eine Aufgabe handeln, die aufgrund des in Art. 20 Abs. 1 GG i. V m. Art. 6 GG verankerten Sozialstaatsprinzips in den Aufgabenbereich des Staats fällt.

Die Pflicht für einen solchen Ausgleich folgt aus der Überlegung, dass die Höhe des Erwerbseinkommens grundsätzlich unabhängig von Familienstand oder Familiengröße ist. Dies führt zu einer doppelten Belastung von Familien, durch höhere Unterhaltsaufwendungen und möglicherweise geringeres Einkommen, da die Erziehung von Kindern die zeitlichen Möglichkeiten zumindest einschränkt.

Daher hat der Bund aufgrund der konkurrierenden Gesetzgebung schon 1964 nach Art. 74 Nr. 7 GG das Kindergeld durch das Bundeskindergeldgesetz eingeführt. Dieses stellt sich als Instrument zur Verwirklichung des aufgrund des Sozialstaatsprinzips gebotenen Lastenausgleichs dar.

Die von der Stadt Schoppenhausen gewährte Erziehungsbeihilfe müsste sich deutlich vom Kindergeld unterscheiden, da andernfalls die Kompetenz allein beim Bund läge. Vorliegend handelt es sich bei beiden Leistungen um finanzielle Zuwendungen ohne Gegenleistung, die allein von der Geburt eines Kindes abhängen. Der Umstand, dass die Erziehungsbeihilfe erst bei dem zweiten Kind gewährt wird, macht hier keinen Unterschied, da auch das KindergeldG nach der Anzahl der Kinder differenziert.

Schließlich könnte sich ein Ortsbezug nur noch daraus ergeben, dass ausschließlich Einwohnern der Stadt Schoppenhausen die Erziehungsbeihilfe gewährt werden soll. Wenn man diese Einschränkung als ausreichend ansehen würde, liefen die kompetenzrechtlichen Regelungen jedoch faktisch leer. Deshalb wird gerade die spezifische, über den reinen Sachbezug hinausgehende Ortsbezogenheit gefordert, die nur vorliegt, wenn die Aufgabe in der örtlichen Gemeinschaft wurzelt. Dies ist jedoch aus oben genannten Gründen abzulehnen, so dass auch unter diesem Aspekt eine Angelegenheit der örtlichen Gemeinschaft ausscheidet.

> **Klausurhinweis:** Es kann allenfalls von einer *sehr guten* Klausur erwartet werden, hier mit dem *BundeskindergeldG* zu argumentieren. Wichtig war es, zu erkennen, dass die finanzielle Unterstützung von Familien nicht ortsspezifisch erfolgt und es sich daher nicht um eine *Angelegenheit der örtlichen Gemeinschaft* im Sinne des Art. 28 GG handelt.

Folglich fehlte der Stadt Schoppenhausen die Kompetenz für die Einführung der Erziehungsbeihilfe.

4. Ergebnis

Folglich war die Aufhebung rechtmäßig

II. Eigener Anspruch des E

Fraglich ist, ob E einen Anspruch auf Einschreiten gegen die Kommunalaufsichtsbehörde hat. Dann müsste sich E auf die entsprechenden Normen berufen können, wofür erforderlich wäre, dass diese drittschützenden Charakter haben. Vorliegend geht es um die Normen des Kommunalaufsichtsrechts, die §§ 119 ff. GO NRW.

Ob eine Norm drittschützenden Charakter hat, ist durch Auslegung zu ermitteln. Eine Norm ist nach der Schutznormtheorie dann drittschützend, wenn sich aus deren Tatbestandsmerkmalen ein Personenkreis bestimmen lässt, der sich von der Allgemeinheit unterscheidet, wobei eine räumliche Bezeichnung nicht mehr gefordert wird[23]. Die Normen des Kommunalaufsichtsrechts hingegen regeln die Rechtsverhältnisse zwischen Gemeinden und Kommunalaufsicht. Sie entfalten keinerlei unmittelbare Grundrechtsrelevanz gegenüber einem einzelnen Bürger und sind folglich nicht als drittschützend zu qualifizieren. Daher kann E keine Ansprüche gegen die Kommunalaufsicht geltend machen.

> **Klausurhinweis:** Wenn das vorstehende Problem im Rahmen einer Klage zu diskutieren gewesen wäre, müsste es im Rahmen der Zulässigkeit unter dem Prüfungspunkt der **Klagebefugnis** dargestellt werden.

▸ **Literatur zum Grundsatz der Selbstverwaltung, Art 28 GG**

📖 Bausback, **JA** 2004, 897 *(Grundlagenwissen)*
📖 Bethge/Rozek, **Jura** 1993, 545 *(Klausur)*

---

[23] Eyermann, VwGO 12. Aufl., § 42 Rn. 86.

Fall 7: Die Kunst der Yanomami

▸ **Standort:** Grundlagen des Kommunalverfassungsstreits, Anwendbarkeit von Art. 5 Abs. 1 GG auf Ratsmitglieder, Antragsrecht eines Einzelnen.

Der Rat der Gemeinde G berät über die Frage, einen Weihnachtsmarkt zu organisieren. Hiervon verspricht man sich einerseits, Touristen in den Ort zu locken und andererseits, den Festplatz besser zu nutzen, da dieser kaum Verwendung findet. In der Ratssitzung am 03.01. wird einstimmig beschlossen, den Weihnachtsmarkt zu veranstalten.

Nicht mehr einstimmig verläuft die folgende Diskussion, in der beraten wird, welche Geschäfte und Buden auf dem Weihnachtsmarkt aufgestellt bzw. zugelassen werden sollen. Das Ratsmitglied Hubert (H), Mitglied der X-Fraktion, schlägt vor, auch eine Bude von afrikanischen Kleinkünstlern, den „Yanomami" zuzulassen. Diese würden regionale Kunstwerke ihres Stammes herstellen, welche sehr ansehnlich seien. Dadurch erhofft sich H eine gewisse Internationalität des Weihnachtsmarkts.

Anschließend holt H einige Kunstwerke hervor, die er auf seiner letzten Afrikareise erworben hat. Als H beginnt, diese in den Reihen des Rats herumzuzeigen, wird es dem Bürgermeister B zu bunt. Er fordert H auf, sofort den ganzen „Kitsch und Krempel" einzupacken. Schließlich wolle man hier Lokalpolitik betreiben und sei nicht auf einem Flohmarkt. H packt daraufhin unter Protest die Handwerksarbeiten wieder ein. Er ist der Ansicht, dass auch das Herumzeigen der Handwerksarbeiten von der Meinungsfreiheit umfasst sei, da seine hohe Meinung von den Kunstwerken doch am besten dadurch kommuniziert werden könne, wenn er anderen die Kunstwerke zeige.

Anschließend beantragt H, auf die Tagesordnung für die nächste Ratssitzung den Punkt „Begutachtung der Kunstwerke der Yanomami" aufzunehmen. Er erklärt, dass alle Ratsmitglieder Gelegenheit haben sollten, sich die Werke in Ruhe anzusehen und bietet auch an, einen kurzen Vortrag über die „Yanomami" zu halten.

Scheinbar haben jedoch die von H herumgereichten Kunstwerke nicht den gewünschten Eindruck hinterlassen. Außer H kann sich niemand für die „Yanomami" oder den Antrag des H begeistern. Daher erklärt der Bürgermeister, den Punkt „Yanomami" nicht auf die Tagesordnung zu setzen.

H ist hierüber sehr verärgert und reicht alsbald beim zuständigen Verwaltungsgericht Klage ein. Er möchte festgestellt wissen, dass sowohl die Weisung, die Kunstwerke wieder einzupacken als auch die Nichtaufnahme des TOP „Yanomami" rechtswidrig waren.

Erfolgsaussichten der Klage?

I. Verwaltungsrechtsweg
II. Zulässigkeit
 1. Statthafte Klageart
 2. Klagebefugnis
 3. Feststellungsinteresse
 4. Vorverfahren und Klagefrist
 5. Klagegegner
 6. Beteiligten- und Prozessfähigkeit
III. Objektive Klagehäufung, § 44 VwGO
IV. Begründetheit
 1. Die Weisung des B
  a) Ermächtigungsgrundlage § 51 GO NRW
  b) Formelle Rechtmäßigkeit (+)
  c) Materielle Rechtmäßigkeit (+)
  d) Verstoß gegen Art. 5 Abs. 1 GG (-)
 2. Die Nichtaufnahme des Tagesordnungspunkts „Yanomami"
  a) Antragsrecht gem. § 48 Abs. 1 GO NRW
  b) Anspruch aus anderen Gründen (-)
V. Ergebnis

Vorüberlegung: Der **Kommunalverfassungsstreit (KVS)** stellt die allgemein anerkannte Möglichkeit dar, verwaltungsgerichtlichen Rechtsschutz für Streitigkeiten innerhalb einer kommunalen Körperschaft zu erreichen. Auch wenn die Terminologie des Kommunalverfassungsstreits irreführend ist, da es sich gerade nicht um eine verfassungsrechtliche Streitigkeit i. S. d. § 40 Abs. 1 VwGO handelt, ist der Ausdruck weitgehend akzeptiert. Es besteht sowohl die Möglichkeit einer Rechtsstreitigkeit zwischen zwei

Organen einer kommunalen Körperschaft (**Interorganstreit**) als auch zwischen einem Mitglied eines kommunalen Kollegialorgans und dem Organ selbst (**Intraorganstreit**).

Im Rahmen des KVS stellen sich mehrere prozessuale Probleme, welche in der Klausur stets kurz angesprochen werden sollten:

1. Eröffnung des Verwaltungsrechtsweges
Streit nichtverfassungsrechtlicher Art ist gegeben, da § 40 Abs. 1 VwGO staatsrechtlich und nicht kommunalverfassungsrechtlich meint.

2. Statthafte Klageart
- Anfechtungs und Verpflichtungsklage (-) mangels VA,
- Klage sui generis (-) da Klagesystem der VwGO abschließend,
- Leistungsklage (+) wenn Klagegegner noch handeln muss,
- Feststellungsklage (+) wenn Feststellung genügt, bsp. bei rechtswidrigem Ratsbeschluss.

3. Klagebefugnis
Muss sich aus organschaftlichen Rechten ergeben. Grundrechte dürfen hier nicht genannt werden, da der Kläger nicht als natürliche Person, sondern als Organ klagt!

4. Beteiligtenfähigkeit
- Für Ratsmitglied gilt § 61 Nr. 2 VwGO analog (a. A. § 61 Nr. 1),
- Für Rat gilt § 61 Nr. 2 VwGO direkt (a. A. analog).

5. Klagegegner
Eigentlich die Gemeinde, dies kann jedoch zu Verwirrung führen, daher ist auf den intrapersonellen Funktionsträger abzustellen.

Die Klagen des H haben Erfolg, wenn sie zulässig und begründet sind.

I. Verwaltungsrechtsweg

Mangels aufdrängender Sonderzuweisung richtet sich der Verwaltungsrechtsweg nach § 40 Abs. 1 VwGO. Vorliegend wird einerseits um die Ausübung des Ordnungsrechts in Ratssitzungen (§ 51 GO NRW) und andererseits um die Aufnahme von Tagesordnungspunkten (TOP) (vgl. § 48 GO NRW) gestritten. Beide Normen sind dem öffentlichen Recht zuzuordnen, da sie ausschließlich Träger öffentlicher Gewalt berechtigen und verpflichten (Subjektstheorie).

Auch müsste es sich um einen Streit nichtverfassungsrechtlicher Art handeln. Trotz der Bezeichnung als Kommunalverfassungsstreit handelt es sich bei Innenrechtsstreitigkeiten um eine Streitigkeit nichtverfassungsrechtlicher Art, da § 40 Abs. 1 VwGO staatsrechtliche Streitigkeiten erfasst. Mangels abdrängender Sonderzuweisung, ist der Verwaltungsrechtsweg eröffnet.

II. Zulässigkeit

Die Klage müsste zulässig sein.

1. Statthaftigkeit

Fraglich ist zunächst die statthafte Klageart. Denkbar wäre zunächst eine **Anfechtungsklage** gem. § 42 Abs. 1, 1. Var. VwGO. Dann müsste es sich bei der Anweisung des B bzw. bei der Entscheidung über die Nichtaufnahme des TOP um Verwaltungsakte (§ 35 S. 1 VwVfG NRW) handeln. Dies ist mit Hinblick auf das Merkmal der **Außenwirkung** abzulehnen, da Maßnahmen von Gemeindeorganen gegenüber anderen Gemeindeorganen bzw. Organteilen keine Außenwirkung entfalten.

Auch eine Klage **sui generis** ist abzulehnen, da zunächst alle von der VwGO gebotenen Rechtsschutzmöglichkeiten auszuschöpfen sind, bevor eine Klage sui generis in Betracht gezogen werden darf. Statthaft könnte daher bzgl. der Anweisung des B eine **allgemeine Feststellungsklage** (§ 43 VwGO) sein. Diese ist dann einschlägig, wenn ein Rechtsverhältnis zwischen zwei Organen bzw. Organteilen geklärt werden soll. Da es H vorliegend um die Feststellung der Rechtswidrigkeit der Anweisung des B geht, ist die allgemeine Feststellungsklage statthafte Klageart. Gleiches gilt auch für die Aufnahme des TOP, da H nur festgestellt wissen möchte, dass die Nichtaufnahme rechtswidrig war.

> **Klausurhinweis:** Wollte H stattdessen die Aufnahme durchsetzen, wäre eine allgemeine Leistungsklage statthaft. Bei mehreren Begehren des Klägers ist stets darauf zu achten, zwischen diesen klar zu differenzieren.

2. Klagebefugnis

Fraglich ist, ob H auch klagebefugt gem. § 42 Abs. 2 VwGO analog sein müsste. Ob auch im Rahmen einer allgemeinen Feststellungsklage die Klagebefugnis gegeben sein muss, ist strittig. Der Streit könnte jedoch dahinstehen, wenn die Klagebefugnis des H zu bejahen wäre. Dies ist der Fall, wenn er die Verletzung eigener Rechte geltend machen könnte. Hierbei ist zu beachten, dass H im Kommunalverfassungsstreit nur solche Rechte geltend machen kann, die sich gerade aus seiner Stellung als Organteil ergeben, sog. **organschaftliche Rechte**. Vorliegend erscheint es zumindest nicht als von Anfang an ausgeschlossen, dass H in seinen organschaftlichen Teilnahmerechten aus §§ 47, 48 GO NRW verletzt ist.

3. Feststellungsinteresse

Zu beachten ist, dass sich beide Maßnahmen des B bereits erledigt haben. Fraglich ist daher, ob H auch das gem. § 43 Abs. 2 VwGO erforderliche Interesse an der Feststellung hat. Dieses könnte sich vorliegend aus dem Merkmal der **Wiederholungsgefahr** ergeben. H mag die Kunst der Yanomami und hat bereits eine Afrikareise unternommen. Da er auch Kunstwerke bereits mit in die Ratssitzung gebracht und aufgrund der Ablehnung eine Klage angestrengt hat, erscheint es gut möglich, dass eine vergleichbare Konfliktsituation erneut stattfindet. Dies betrifft sowohl das Herumzeigen der Kunstwerke der Yanomami als auch den Antrag, einen TOP zu bestimmen. Daher liegt Wiederholungsgefahr vor und das Feststellungsinteresse ist zu bejahen.

4. Vorverfahren und Klagefrist

Im Rahmen einer allgemeinen Feststellungsklage ist weder die Durchführung eines Vorverfahrens noch die Wahrung einer Klagefrist erforderlich. Da H unmittelbar nach der Sitzung Klage erhoben hat, kommt auch eine Verwirkung nicht in Betracht.

5. Klagegegner

Fraglich ist der richtige Klagegegner. Dieser richtet sich grundsätzlich nach dem Rechtsträgerprinzip, wonach hier die Gemeinde richtiger Klagegegner wäre. Im Rahmen des Kommunalverfassungsstreits wird aber angenommen, dass jeweils das Organ, dessen Maßnahme gerügt wird, richtiger Klagegegner sein soll. Daher ist hier der Bürgermeister als intrapersoneller Funktionsträger richtiger Klagegegner.

> **Klausurhinweis:** Nach Abschaffung des AG VwGO NRW könnte argumentiert werden, dass der Gesetzgeber hierdurch insgesamt Abstand von der Stellung von Behörden als Klagegegner nehmen wollte. Dies könnte in NRW gegebenenfalls auch auf die Behandlung des Kommunalverfassungsstreits Auswirkungen haben. Insoweit empfiehlt es sich, das Thema aufmerksam zu verfolgen. Ähnlich könnte auch hinsichtlich der Beteiligtenfähigkeit argumentiert werden, s.u.

6. Beteiligten- und Prozessfähigkeit

Bei Klagen einer Einzelperson, wie etwa in diesem Fall, ist umstritten, ob § 61 Nr. 1 oder § 61 Nr. 2 VwGO einschlägig ist. H klagt **nicht als Privatperson** i.S. der Nr. 1, sondern will **organschaftliche Rechte** in seiner Funktion als Organ der Kommunalverfassung geltend machen. Die Beteiligtenfähigkeit ergibt sich daher sowohl für H als auch für B aus § 61 Nr. 2 VwGO *analog,* da der Wortlaut des § 61 Nr. 2 VwGO („Vereinigungen") einer direkten Anwendung auf das monokratische Organ „Bürgermeister" oder auf ein einzelnes Organteil entgegensteht. Die **Prozessfähigkeit** des B folgt aus § 62 Abs. 3 VwGO, die des H aus § 62 Abs. 1 Nr. 1 VwGO.

Die Klagen sind somit zulässig.

III. Objektive Klagehäufung, § 44 VwGO

Da H zwei Klagebegehren gegen denselben Beklagten verfolgt, diese beide in Zusammenhang mit seiner Tätigkeit als Ratsmitglied stehen und dasselbe Gericht zuständig ist, können beide Begehren gem. § 44 VwGO innerhalb einer Klage verfolgt werden.

> **Klausurhinweis:** Bei § 44 VwGO handelt es sich nicht um eine Zulässigkeitsvoraussetzung. Soweit die Tatbestandsmerkmale von § 44 VwGO nicht vorliegen, werden mehrere Klagebegehren schlichtweg getrennt verhandelt. Deshalb wird § 44 VwGO aufbautechnisch zwischen Zulässigkeit und Begründet verortet.

IV. Begründetheit

Die Klage des H müsste begründet sein.

1. Die Weisung des B

Fraglich ist zunächst die Rechtmäßigkeit der Weisung des B, den „Kitsch und Krempel" einzupacken.

a) Ermächtigungsgrundlage

Als Rechtsgrundlage für die Anweisung kommt § 51 Abs. 1 GO NRW[24] in Betracht.

b) Formelle Rechtmäßigkeit

Der Bürgermeister ist gem. § 51 Abs. 1 GO NRW zuständig.

c) Materielle Rechtmäßigkeit

Die Anweisung des Bürgermeisters müsste von der Ermächtigungsgrundlage gedeckt sein. Hiernach handhabt der Bürgermeister die Ordnung in den Sitzungen. Es müsste sich um eine Anweisung handeln, die geeignet und erforderlich ist, den reibungslosen Ablauf der Ratssitzung zu gewährleisten.

Vorliegend ist keine empfindliche Störung der Ratssitzung eingetreten. Auch war es Gegenstand der Ratssitzung, über mögliche Attraktionen für den Weihnachtsmarkt zu beraten. Andererseits hätte H es auch bei einem Hinweis auf die Kunstwerke der „Yanomami" belassen und zunächst die Reaktion bzw. das Interesse der anderen Ratsmitglieder abwarten können. Es ist auch zu berücksichtigen, dass das Herumreichen von Gegenständen nicht zum üblichen Ablauf einer Ratssitzung gehört. Würde nämlich jedes Ratsmitglied sich die Kunstwerke für einen Moment anschauen, würde dies zu einer nicht unerheblichen Zeitverzögerung führen. Ferner steht dem Bürgermeister auch ein Ermessensspielraum zu, der einer gerichtlichen Überprüfung nicht zugänglich ist. Daher ist davon auszugehen, dass die Anweisung des B von § 51 Abs. 1 GO NRW gedeckt war (*a. A. vertretbar*).

---

[24] Regelungen bezüglich des Hausrechts finden sich in den weiteren Bundesländern in: § 36 GemO **BaWü**; Art. 53 **BayGO**; § 37 **BbgKVerf**; § 36 Abs. 2 GO **RhPflz**; § 60 HGO; § 63 **NKomVG**; § 38 Abs. 1 **SächsGemO**; § 41 **ThürKO**; § 37 GO **SchleswHol**; § 43 Abs. 1 **KSVG**; § 57 KVG **LSA**; § 29 Abs. 1 **KV MV**.

d) Ermessen

Etwas anderes könnte sich jedoch daraus ergeben, dass H sich möglicherweise auf Grundrechte berufen könnte. Dann könnte nämlich aufgrund der Tragweite der Grundrechte das *Ermessen auf Null reduziert* sein, so dass nur die Zulassung des Verhaltens des H rechtmäßig gewesen wäre. In Frage kommt eine Verletzung der Meinungsfreiheit (Art. 5 Abs. 1 GG).

Hierbei wäre zunächst fraglich, ob die Meinungsfreiheit auch das Herumreichen von Kunstwerken umfasst. Dies erscheint bereits zweifelhaft, könnte jedoch letztlich dahinstehen, wenn sich H gar nicht auf Art. 5 Abs. 1 GG berufen könnte.

Vorliegend tritt H nämlich **nicht als Bürger** auf, der sich gegenüber dem Staat auf die Grundrechte als Abwehrrechte beruft, sondern H ist selber Teil des Staates. Daher kann H sich nicht auf Grundrechte, sondern nur auf seine **organschaftlichen** *Rechte* als Ratsmitglied berufen. Somit kommt auch im Hinblick auf Art. 5 Abs. 1 GG kein anderes Ergebnis in Betracht. Die Weisung war folglich rechtmäßig.

2. Die Aufnahme des Tagesordnungspunktes

Die Weigerung des B, den TOP „Begutachtung der Kunstwerke der Yanomami" auf die Tagesordnung aufzunehmen wäre dann rechtswidrig, wenn H einen Anspruch hierauf hätte.

a) Ermächtigungsgrundlage

Ein Anspruch des H könnte sich aus § 48 Abs. 1 S. 2 GO NRW[25] ergeben.

b) Formelle Rechtmäßigkeit

B ist für die Erstellung der Tagesordnung gem. § 48 Abs. 1 S. 1 GO NRW zuständig. Für das Erfordernis einer schriftlichen Antragstellung, etwa aufgrund der Geschäftsordnung des Rates, enthält der Sachverhalt keine Hinweise.

---

[25] Regelungen bezüglich Errichtung der Tagesordnung finden sich in den weiteren Bundesländern in: § 34 Abs. 1 GemO **BaWü**; Art. 46 Abs. 2 **BayGO**; § 35 **BbgKVerf**; 34 Abs. 5 GO **RhPflz**; § 58 Abs. 5 i. V. m. § 56 **HGO**; § 59 **NKomVG**; § 36 Abs. 5 **SächsGemO**; § 35 **ThürKO**; § 34 GO **SchleswHol**; § 41 **KSVG**; § 53 Abs. 4 KVG **LSA**; § 29 KV **MV**.

c) Materielle Rechtmäßigkeit

Problematisch ist, dass § 48 Abs. 1 S. 2 GO NRW ausdrücklich von „einem Fünftel der Ratsmitglieder oder einer Fraktion" spricht. H erfüllt jedoch beide Anforderungen nicht. Fraglich ist aber, ob aus § 48 Abs. 1 S. 2 GO NRW abgeleitet werden kann, dass es keine andere Möglichkeit gibt, einen Beratungspunkt auf die Tagesordnung zu bringen. Dies ist nicht der Fall, da aus § 48 Abs. 1 S. 1 GO NRW folgt, dass der Bürgermeister grundsätzlich frei über die Aufnahme der TOP entscheidet.

Soweit die Voraussetzungen des § 48 Abs. 1 S. 2 GO NRW erfüllt sind, muss der Bürgermeister einen Punkt aufnehmen, andernfalls steht die Aufnahme in seinem Ermessen. Im vorliegenden Fall ist zu berücksichtigen, dass H Mitglied der X-Fraktion ist. Daher könnte H auch in seiner Fraktion für seinen Vorschlag werben und dann anhand von § 48 Abs. 1 S. 2 GO NRW den gewünschten TOP auf die Tagesordnung setzen lassen. Da jedoch H das einzige Fraktionsmitglied ist, das ein Interesse an der Aufnahme hat, hat er in diesem konkreten Fall keinen Anspruch auf die Aufnahme des TOP.

d) Ermessen

Schließlich liegen auch keine Anhaltspunkte dafür vor, dass die Entscheidung des B ermessensfehlerhaft bzw. willkürlich war. Wie der Verlauf der Ratssitzung gezeigt hat, bestand kein Interesse an der Kunst der Yanomami, so dass B zu Recht davon ausgehen durfte, dass eine Aufnahme auf die Tagesordnung die Planungen bzgl. des Weihnachtsmarkts nicht vorangebracht hätte.

V. Ergebnis

Somit waren beide Maßnahmen rechtmäßig. Die Klage des H wird keinen Erfolg haben.

> ▶ **Literatur zum „Klausur-Klassiker" Kommunalverfassungsstreitverfahren**
> 📖 Meister, **JA** 2004, 414 *(Grundlagenwissen)*
> 📖 Erichsen/Biermann, **Jura** 1997, 157 *(Grundlagenwissen)*
> 📖 Hellermann, **Jura** 1995, 145 *(Klausur)*
> 📖 Menzel/Schumacher, **Jura** 1998, 156 *(Klausur)*
> 📖 Müller, **JuS** 1990, 997 *(Klausur)*

Fall 8: Das subventionierte Fitnessstudio

▸ **Standort:** Wirtschaftliche Betätigung der Gemeinde, Anwendbarkeit des UWG im Gemeindewirtschaftsrecht, Pflicht der Gemeinde zum wirtschaftlichen Handeln, Rechtmäßigkeit von Nebengeschäften.

A betreibt in der kreisfreien Stadt S ein Fitnessstudio. Das Fitnessstudio befindet sich in der Schwalbengasse. Auf der gegenüberliegenden Seite der Schwalbengasse liegt ein Parkhaus, welches von der Parkhausbetriebsgesellschaft-mbH (P-GmbH) betrieben wird. Alleiniger Gesellschafter der P-GmbH ist die Stadt S. Die Gäste des Fitnessstudios des A nutzen das Parkhaus häufiger, um dort während des Trainings zu parken.

Im August 2020 beschließt die P-GmbH, das oberste Stockwerk des fünfstöckigen Parkhauses umzubauen, um die Räumlichkeiten an gewerbliche Nutzer vermieten zu können, da das Parkhaus nie voll ausgelastet ist und deshalb schon seit längerer Zeit nicht mehr rentabel betrieben werden kann. Schon während der Umbaumaßnahmen zeigt die Eurofit-AG (E-AG), ein europaweit tätiger Betreiber von Fitnessstudios, Interesse an dem Mietobjekt. Die E-AG beabsichtigt, dort ein weiteres Fitnessstudio zu eröffnen. Die Vertragsverhandlungen zwischen der E-AG und der P-GmbH werden im März 2021 abgeschlossen und es wird vereinbart, dass die E-AG in den Räumen ab Mai 2021, dem Ende der Bauarbeiten, das Fitnessstudio betreiben kann. Die Verhandlungen werden auch durch einen Ratsbeschluss gebilligt. Als die Bauarbeiten im Mai 2021 termingerecht abgeschlossen werden, eröffnet die E-AG alsbald ihrer Filiale.

A ist hierüber empört. Durch das neue Fitnessstudio in unmittelbarer Nähe sieht er seinen Kundenstamm bedroht. Auch könne es nicht angehen, dass sich der Staat so massiv in die Privatwirtschaft einmische. Schließlich habe er den Standort für sein Studio damals extra so ausgesucht, um der einzige Betreiber im näheren Umkreis zu sein. Da A vor kurzem wegen eines Werbeflyers abgemahnt wurde, hat er sich auch einmal das Gesetz gegen den unlauteren Wettbewerb (UWG) durchgelesen. A meint, dass das Verhalten der Stadt auch gegen § 3 UWG verstoßen würde.

> Daher möchte A sich gegen die dunklen Machenschaften der Stadt wehren. Er bittet den Rechtsanwalt R zu begutachten, ob ein Vorgehen gegen die Stadt S oder die P-GmbH Erfolg hätte. Hierbei soll die P-GmbH verpflichtet werden, den Mietvertrag mit der E-AG zu kündigen oder es soll die Stadt S entsprechend auf die P-GmbH einwirken.
>
> Es ist nur zu prüfen, ob Ansprüche auf dem Verwaltungsrechtsweg geltend gemacht werden können. Auf Ansprüche vor den Zivilgerichten ist nicht einzugehen.

I. Ansprüche gegen die Stadt S
1. VRW (+)
2. Zulässigkeit
   a) Statthafte Klageart
   b) Klagebefugnis (+)
   c) Vorverfahren und Klagefrist
   d) Klagegegner
   e) Zwischenergebnis
3. Begründetheit (-)
   a) Hoheitlicher Eingriff (+)
   b) Subjektives Recht aus § 107 GO (+), aus Art. 12 u. 14 GG (-)
   c) Rechtswidrigkeit (-)
   d) Wettbewerbsrechtlicher Unterlassungsanspruch (-)
4. Ergebnis

II. Ansprüche gegen die P-GmbH
1. VRW (-)
2. Zwischenergebnis

III. Ergebnis

Die Klagen haben Erfolg, wenn sie zulässig und begründet sind.

I. Klage gegen die Stadt S

Die Klage gegen die Stadt S hat Erfolg, wenn sie zulässig und begründet ist.

1. Verwaltungsrechtsweg

Zunächst müsste der Verwaltungsrechtsweg eröffnet sein.

Dies richtet sich mangels aufdrängender Spezialzuweisung nach der Generalklausel des § 40 Abs. 1 VwGO. Vorliegend macht A einen öffentlich-rechtlichen Unterlassungs- und Folgenbeseitigungsanspruch geltend, da er einen Eingriff in seine subjektiven Rechte aufgrund der wirtschaftlichen Betätigung der Gemeinde befürchtet, deren Zulässigkeit sich aus den §§ 107 ff. GO NRW ergibt.

Daneben gibt A jedoch auch an, dass das Handeln der Gemeinde auch wettbewerbswidrig sein könnte. Ein solcher wettbewerbsrechtlicher Unterlassungsanspruch (§§ 3, 8 UWG) wäre jedoch gem. § 13 GVG vor der Zivilgerichtsbarkeit geltend zu machen. Der Schwerpunkt des Vortrags liegt jedoch auf der kommunalwirtschaftsrechtlichen Unzulässigkeit des Verhaltens der Stadt S, so dass die Streitigkeit gleichwohl öffentlich-rechtlich ist. Der Streit ist auch nicht verfassungsrechtlicher Art und es fehlt an einer abdrängenden Sonderzuweisung, so dass gem. § 40 Abs. 1 VwGO der Verwaltungsrechtsweg eröffnet ist.

2. Zulässigkeit

Die Klage müsste zulässig sein.

a) Statthafte Klageart

Fraglich ist zunächst die statthafte Klageart. A verlangt von der Stadt S die Geltendmachung ihres Einflusses als alleiniger Gesellschafter der P-GmbH auf diese. Fraglich ist, ob eine **Verpflichtungsklage** statthaft wäre. Diese der Stadt zustehenden Aufsichts- und Mitwirkungsrechte werden jedoch nicht durch Verwaltungsakt ausgeübt, weil das Verhältnis zwischen der P-GmbH und der Stadt privatrechtrechtlich ausgestaltet ist. Eine Verpflichtungsklage scheidet somit aus.

Ferner kommt eine **allgemeine Leistungsklage** in Betracht. Diese ist zwar nicht ausdrücklich geregelt, wird jedoch an mehreren Stellen der VwGO vorausgesetzt, vgl. etwa § 43 Abs. 2 S. 1 VwGO. Durch die allgemeine Leistungsklage wird die Erbringung einer aufgrund öffentlichen Rechts geschuldeten Leistung verfolgt. Hierunter ist auch eine Einwirkung im Rahmen einer privatrechtlichen Beziehung zwischen Stadt und P-GmbH zu sehen, so dass die allgemeine Leistungsklage statthafte Klageart ist.

b) Klagebefugnis

Zur Vermeidung von Popularklagen ist auch bei der allgemeinen Leistungsklage das Vorliegen der Klagebefugnis analog § 42 Abs. 2 VwGO zu fordern. Der von S geltend gemachte Unterlassungsanspruch folgt aus einer möglichen Verletzung der §§ 107 ff. GO NRW. Wenn die Vorschriften der GO NRW verletzt worden wären, würde A ein entsprechender Anspruch gegen S zustehen, so dass dieser auf jeden Fall nicht als von Anfang an ausgeschlossen erscheint.

c) Vorverfahren und Klagefrist

Im Rahmen der allgemeinen Leistungsklage muss weder ein Vorverfahren durchgeführt noch eine Klagefrist beachtet werden.

d) Klagegegner

Klagegegner ist die Stadt S, vertreten durch den Bürgermeister.

e) Zwischenergebnis

Die Klage ist folglich zulässig.

3. Begründetheit

Der geltend gemachte Unterlassungs- und Folgenbeseitigungsanspruch des A wäre dann gegeben, wenn die Tätigkeit der Stadt S einen rechtswidrigen hoheitlichen Eingriff in subjektive Rechte des A darstellen würde.

a) Hoheitlicher Eingriff

Zunächst müsste es sich um einen hoheitlichen Eingriff handeln. Dies könnte fraglich sein, weil vorliegend nicht die Stadt S, sondern die P-GmbH die Räumlichkeiten an die E-AG vermietet hat. Fraglich ist, ob sich die Stadt S dieses Handeln zurechnen lassen muss. Dies wäre der Fall, wenn bei einer wertenden Betrachtung das Handeln der P-GmbH als Handeln der Stadt S zu qualifizieren wäre. Vorliegend ist die Stadt S alleiniger Gesellschafter der P-GmbH, so dass ihr sämtliche gesellschaftsrechtlichen Möglichkeiten der Einflussnahme und Mitbestimmung zustehen.

Daneben ist zu berücksichtigen, dass die Vermietung an die E-AG nicht einmal allein von der P-GmbH im Rahmen ihrer Geschäftstätigkeit ausgeführt wurde, sondern die Vermietung ausdrücklich durch einen Ratsbeschluss gebilligt wurde.

Gegen ein hoheitliches Handeln könnte der Umstand sprechen, dass die Umsetzung des Mietvertrags privatrechtlich realisiert wurde. Es kommt jedoch für die Qualifikation als hoheitliches Handeln nicht auf die einzelnen Umsetzungshandlungen an. Entscheidend für die Qualifizierung des Eingriffs ist die Zusammenfassung als eigenständige Handlung des Betreibens eines Unternehmens. Daher ist das Handeln der P-GmbH der Stadt S zuzurechnen und stellt sich somit als hoheitliches Handeln dar.

b) Subjektive Rechte

Fraglich ist, ob hierdurch auch subjektive Rechte des A verletzt wurden.

aa) Subjektives Recht aus Art. 12 I GG

Fraglich ist, ob A durch die wirtschaftliche Betätigung der P-GmbH in seinem Recht auf Wettbewerbsfreiheit aus Art. 12 I GG verletzt ist. Die Rechte aus Art. 12 GG schützen jedoch grundsätzlich keine Gewinnchancen und geben keinen Konkurrentenschutz. Art. 12 GG wäre nur verletzt, wenn Konkurrenz unmöglich gemacht und ein Monopol errichtet würde, sog. Auszehrungs- und Verdrängungswettbewerb. Dies ist jedoch nicht ersichtlich. Somit ist A nicht in seinem subjektiven Recht aus Art. 12 GG verletzt.

bb) Subjektives Recht aus Art. 14 GG

Ferner könnte A durch die wirtschaftliche Betätigung der P-GmbH in seinem Recht am eingerichteten und ausgeübten Gewerbebetrieb aus Art. 14 GG verletzt sein. Art. 14 GG ist jedoch nicht berührt, da A seinerseits nur eine vom Grundrecht nicht erfasste Gewinnchance wahrnehmen will. Somit ist A nicht in seinem subjektiven Recht aus Art. 14 GG verletzt.

cc) Subjektives Recht aus § 107 GO

Als subjektives Recht kommt außerdem § 107 Abs. 1 S. 1 Nr. 3 GO NRW[26] in Betracht. Maßgeblich ist hier das in § 107 Abs. 1 S. 1 Nr. 3 GO NRW verankerte **Subsidiaritätsprinzip** des wirtschaftlichen Handelns der Gemeinde. Denkbar erscheint daneben auch, auf das Merkmal des „öffentlichen Zwecks" in § 107 Abs. 1 Nr. 1 GO NRW abzustellen.

Entscheidend ist, ob den Normen **drittschützende Wirkung** zukommt. Dies ist durch **Auslegung** zu ermitteln. Vorliegend kann als systematisches Argument auf § 105 Abs. 5 S. 2 GO NRW verwiesen werden. Hiernach sollen nämlich verschiedene Interessengruppen die Möglichkeit zur Stellungnahme erhalten, was dafür spricht, dass eine mögliche Beeinträchtigung der örtlichen Wirtschaft möglich erscheint. Daher ist von einer drittschützenden Wirkung auszugehen, wobei es offen bleiben kann, ob sich diese aus dem Subsidiaritätsprinzip oder aus dem Merkmal des öffentlichen Zwecks ergeben kann (*a. A. vertretbar*).

A müsste auch zum geschützten Personenkreis gehören. Dies könnte problematisch sein, weil A ein Fitnessstudio betreibt, die P-GmbH jedoch Park- bzw. Gewerberäume vermietet.

Geschützt werden durch § 107 GO NRW jedoch alle Wirtschaftsteilnehmer, deren Marktinteressen durch die kommunale wirtschaftliche Betätigung beeinträchtigt werden. Daher kann bei der Vermietung von Gewerberäumen auch derjenige zum geschützten Personenkreis gehören, der erst durch die Nutzung der vermieteten Räumlichkeiten in seiner wirtschaftlichen Tätigkeit beeinträchtigt werden kann. A kann aus § 107 GO NRW also ein subjektives Recht herleiten.

---

[26] Regelungen bezüglich der wirtschaftlichen Tätigkeit von Gemeinden finden sich in den anderen Bundesländern in: § 102 GemO **BaWü**; Art. 87 **BayGO**; § 92 **BbgKVerf**; § 121 **HGO**; § 136 **NKomVG**; §§ 85 ff. GO **RhPflz**; § 97 **SächsGemO**; § 71 **ThürKO**; § 101 GO **SchleswHol**; § 110 KSVG; § 129 KVG **LSA**; § 68 KV **MV**.

c) Rechtswidrigkeit

Der Eingriff müsste auch rechtswidrig sein. Dies richtet sich danach, ob es sich bei der Vermietung um eine zulässige wirtschaftliche Tätigkeit im Sinne des § 107 Abs. 1 GO NRW handelt. Dann müsste zunächst eine wirtschaftliche Betätigung vorliegen. Hierunter versteht man den Betrieb von Unternehmen, die als Hersteller, Anbieter oder Verteiler von Gütern und Dienstleistungen am Markt tätig werden, sofern die Leistung ihrer Art nach auch von einem Privaten mit Gewinnerzielungsabsicht erbracht werden könnte (§ 107 Abs. 1 S. 3 GO NRW).

Dies trifft grundsätzlich auch auf die Vermietung von Gewerbeimmobilien zu. Hierbei ist der Hauptzweck der P-GmbH, die Vermietung von Parkflächen, zu beachten. Daher könnten die Restriktionen des § 107 Abs. 1 GO NRW gar nicht greifen, wenn es sich um ein so genanntes *Hilfs- oder Nebengeschäft* handelte.

Hintergrund ist, dass die Gemeinde verpflichtet ist, Vermögensgegenstände „wirtschaftlich zu verwalten" (§ 90 Abs. 2 S. 1 GO NRW) und die Haushaltswirtschaft „wirtschaftlich zu führen ist" (§ 75 Abs. 1 GO NRW). Daher muss die Gemeinde die Möglichkeit haben, Nebengeschäfte zu tätigen, ohne den Schranken des § 107 GO NRW unterworfen zu sein, wenn andernfalls eine wirtschaftliche Führung des Hauptgeschäfts vereitelt würde.

Im vorliegenden Fall ist das Parkhaus nie voll ausgelastet und deshalb nicht mehr rentabel. Daher war die Stadt nicht nur berechtigt sondern sogar verpflichtet, hierauf zu reagieren, da sie andernfalls nicht den oben genannten Anforderungen an wirtschaftliches Handeln gerecht geworden wäre. Da nur das oberste Stockwerk des fünfstöckigen Parkhauses umgebaut wurde, handelt es sich nach wie vor bei der Haupttätigkeit um den Betrieb des Parkhauses und die Vermietung stellt sich als untergeordnetes Nebengeschäft dar. Da hierfür jedoch wirtschaftliche Gründe bestehen, ist die Vermietung rechtmäßig.

d) Wettbewerbsrechtlicher Unterlassungsanspruch

Gem. § 17 Abs. 2 S. 1 GVG entscheidet das Gericht den Rechtsstreit unter allen in Betracht kommenden rechtlichen Gesichtspunkten. Daher ist auch zu prüfen, ob A ein wettbewerbsrechtlicher Unterlassungsanspruch gem. §§ 3, 8 UWG zusteht. Dieser könnte sich losgelöst von der Frage des Drittschutzes des § 107 GO NRW aus einem Verstoß gegen das kommunale Wirtschaftsrecht ergeben. Da ein solcher jedoch nicht vorliegt, scheidet auch ein wettbewerbsrechtlicher Unterlassungsanspruch aus.

4. Ergebnis

Mangels Rechtswidrigkeit des Eingriffes scheidet ein Unterlassungs- und Folgenbeseitigungsanspruch aus.

II. Klage gegen die P-GmbH

Eine Klage gegen die P-GmbH hat Erfolg, wenn sie zulässig und begründet ist.

1. Verwaltungsrechtsweg

Auch hier müsste zunächst einmal der Verwaltungsrechtsweg eröffnet sein, was sich mangels aufdrängender Sonderzuweisung nach der Generalklausel des § 40 Abs. 1 VwGO richtet. Erforderlich wäre daher eine öffentlich-rechtliche Streitigkeit. Die P-GmbH ist allerdings eine juristische Person des Privatrechts und handelt in Form des Privatrechts. Die Tätigkeit juristischer Personen des Privatrechts unterfällt selbst dann dem Privatrecht, wenn sie in den Dienst der *Daseinsvorsorge* des Staates gestellt ist. Da dies vorliegend nicht einmal der Fall ist, scheiden Ansprüche auf dem Verwaltungsrechtsweg mangels öffentlich-rechtlicher Streitigkeit aus.

2. Ergebnis

Folglich können keine Ansprüche gegen die P-GmbH auf dem Verwaltungsrechtsweg geltend gemacht werden.

III. Ergebnis

Beide Klagen haben keine Aussicht auf Erfolg.

Fall 9: Der umtriebige Bürgermeister

▶ **Standort:** Vertretung der Gemeinde nach Außen, Haftung der Gemeinde für deliktisches Handeln ihrer Organe, rechtsgeschäftliche Verpflichtung der Gemeinde, Genehmigung durch Aufsichtsbehörde.

Bernd Baumann (B) ist Bürgermeister der kleinen kreisangehörigen Gemeinde Gansbach (G). In der Gemeinde wurde schon seit längerem überlegt, ein Schwimmbad zu bauen. Insbesondere B hat großes Interesse an dem Projekt, da er dies als sein politisches Erbe betrachtet. In diesem Jahr sollen die Pläne nun realisiert werden. Hierzu wendet sich der Rat der G an die Land- und Grund KG (L-KG). Diese unterbreitet der G ein Angebot über insgesamt 3 Mio. Euro. Die L-KG verfügt jedoch nicht über die Mittel, alle erforderlich Kosten vorzustrecken. Vielmehr erklärt der Geschäftsführer der L-KG, dass ca. 1,2 Mio. Euro an liquiden Mitteln benötigt würden, um das Projekt termingerecht realisieren zu können. Daraufhin schlägt B vor, dass die L-KG ein Darlehen über diesen Betrag aufnehmen solle, damit die Bauarbeiten endlich beginnen könnten.

Daher wendet sich die L-KG an die örtliche Sparkasse (S). Diese ist grundsätzlich bereit, den entsprechenden Betrag als Darlehen an die L-KG auszuzahlen, verlangt jedoch hierfür Sicherheiten. Darauf sendet B an S eine selbstschuldnerische Bürgschaft der G, welche er in seiner amtlichen Eigenschaft unterzeichnet hat.

Weiterhin sendet B auch ein beglaubigtes Protokoll der letzten Ratssitzung mit dem Inhalt, dass G eine selbstschuldnerische Bürgschaft in Höhe von 1,2 Mio. Euro für die L-KG übernehme.

Ferner erklärt B, dass eine Genehmigung der Aufsicht nicht erforderlich und eine Mitteilung an die Aufsichtsbehörde ausreichend sei. Hiermit zeigt sich S zufrieden und schließt mit der L-KG einen entsprechenden Darlehensvertrag ab. Kurz danach beginnt die L-KG mit den Bauarbeiten.

Nach ca. 6 Monaten Bauzeit stellt sich heraus, dass die Bauplanung der L-KG unzureichend war. Insbesondere hat die L-KG nicht berücksichtigt, dass sich das Baugelände auf einer extrem harten Gesteinsschicht befindet, so dass das Fundament nur unter erheblichen Schwierigkeiten und Zeitverlust erstellt werden kann.

Ebenso wurden diverse Kosten unrealistisch kalkuliert, um ein möglichst günstiges Angebot abzugeben. Es ist schon jetzt absehbar, dass das Projekt weitaus teurer werden wird. Als der Geschäftsführer der L-KG erkennt, dass das Projekt endgültig gescheitert ist, entschließt er sich, mit den restlichen liquiden Mitteln der L-KG einen Neuanfang in Osteuropa zu wagen. Daraufhin muss die L-KG Insolvenz anmelden.

Da mangels Masse das Insolvenzverfahren durch das zuständige AG nicht eröffnet wird, tritt S an die G heran und macht Rückzahlungsansprüche aus der Bürgschaft geltend. Dabei stellt sich jedoch heraus, dass B sämtliche Dokumente gefälscht hat. Im Rat war die Übernahme einer Bürgschaft nie beschlossen worden.

S möchte wissen, welche Ansprüche ihr gegen G und B zustehen.

I. Ansprüche gegen Gemeinde G
 1. § 765 BGB (-)
  a) Wirksame Vertretung der G durch B (-)
  b) Rechtsfolgen
  c) Zwischenergebnis
 2. Organhaftung, §§ 31, 89 BGB (+)
  a) Tatbestand (+)
  b) Rechtsfolge
II. Ansprüche gegen B
 1. § 823 Abs. 2 BGB i. V. m. § 263 StGB
 2. § 826 BGB
III. Ergebnis

> **Vorüberlegung:** Im vorliegenden Fall kommen diverse Beteiligte vor. Um nicht den Überblick zu verlieren, empfiehlt es sich, eine Skizze mit allen Beteiligten anzulegen und die jeweiligen Beziehungen entsprechend einzutragen. Der Fall hat starke Bezüge zum Zivilrecht. Relevant ist die Frage, ob B die Gemeinde wirksam vertreten hat und welche Rechtsfolgen sich aus der unwirksamen Vertretung ergeben. Es ist zu diskutieren, welche Anforderungen an eine Verpflichtung der Gemeinde zu stellen sind und inwieweit diese für deliktisches Handeln ihrer Organe haftbar gemacht werden kann. Daher sollte mit der Prüfung der Ansprüche gegen die Gemeinde begonnen werden, um die richtige Schwerpunktsetzung zu gewährleisten.

I. Ansprüche gegen die Gemeinde G

1. § 765 Abs. 1 BGB

S könnte einen Anspruch gegen G auf Zahlung von 1,2 Mio. Euro gem. § 765 BGB haben. Dann müsste zunächst ein wirksamer Bürgschaftsvertrag zwischen G und S zustande gekommen sein. Als juristische Person des öffentlichen Rechts kann G nicht selber handeln, sondern muss durch ihre Organe vertreten werden. Fraglich ist, ob G wirksam vertreten wurde.

a) Wirksame Vertretung der G durch B

In Frage kommt eine Vertretung durch den Bürgermeister B. Dann müsste B als Vertreter der Gemeinde gehandelt haben. Für eine wirksame Vertretung der Gemeinde durch den Bürgermeister sind einige Besonderheiten zu beachten. Zunächst müssen sämtliche Verpflichtungserklärungen der Gemeinde schriftlich ergehen und grundsätzlich vom Bürgermeister oder dem allgemeinen Vertreter unterzeichnet werden, §§ 63, 64 Abs. 1 GO NRW[27]. Eine Ausnahme gilt gem. § 64 Abs. 2 GO NRW für Geschäfte der laufenden Verwaltung.

---

[27] Regelungen bezüglich der Vertretung der Gemeinden finden sich in anderen Bundesländern in: § 42 Abs. 1 GemO **BaWü**; Art. 38 **BayGO**; § 53 **BbgKVerf**; § 71 **HGO**; § 86 **NKomVG**; § 47 Abs. 1 GO **RhPflz**; § 51 **SächsGemO**; § 31 **ThürKO**; § 51 GO **SchleswHol**; § 59 **KSVG**; § 60 Abs. 2 KVG **LSA**; § 38 Abs. 2 **KV MV**.

Ferner bestehen für gewisse Geschäfte weitere Anforderungen. So normiert § 87 Abs. 1 GO NRW für die Gemeinden das Verbot, Sicherheiten zugunsten von Dritten zu übernehmen. Ausnahmen hiervon müssen von der Aufsicht genehmigt werden.

Vorliegend ist zunächst kurz festzuhalten, dass es sich bei der Übernahme einer Bürgschaft mit einem Volumen von 1,2 Mio. EUR aufgrund der wirtschaftlichen Bedeutung nicht um ein Geschäft der laufenden Verwaltung handelt, so dass die Ausnahme des § 64 Abs. 2 GO NRW nicht greift. Daher sind die Anforderungen des § 64 Abs. 1 GO NRW zu beachten gewesen.

Vorbehaltlich der Fälschung durch B waren die Anforderungen des § 64 Abs. 1 GO NRW nach außen hin gewahrt, da die Verpflichtungserklärung schriftlich erfolgte.

Allerdings hätte die Erklärung ohnehin wegen § 766 S. 1 BGB schriftlich erfolgen müssen. Ferner war gem. § 82 Abs. 2 GO NRW auch eine Genehmigung der Aufsicht erforderlich. Diese wurde vorliegend nicht eingeholt. Daher ist der Vertrag bereits aufgrund der fehlenden Genehmigung der Aufsicht unwirksam. Daneben ergibt sich die Unwirksamkeit auch aus der Fälschung der Unterlagen durch B, da aufgrund von gefälschten Dokumenten kein wirksamer Vertrag geschlossen werden kann.

b) Rechtsfolge

Fraglich ist, wie sich der Mangel des Vertragsschlusses auswirkt. Auf der einen Seite könnte man annehmen, dass B deshalb als „falsus procurator", also als Vertreter ohne Vertretungsmacht gehandelt hat, und daher §§ 177 ff. BGB Anwendung finden. Denkbar wäre es jedoch ebenso, in den verletzten Vorschriften der GO NRW Formvorschriften i. S. d. § 125 BGB zu sehen, so dass das Geschäft gem. § 125 BGB nichtig wäre. Diese Frage ist umstritten:

- Eine Ansicht, welcher auch der **BGH** folgt, geht davon aus, dass die Vorschriften der Gemeindeordnungen Modifizierungen der Vertretungsmacht darstellen.

- Die **Gegenmeinung** ist der Ansicht, dass es sich durchweg um reine Formvorschriften handelt.

Hierbei stützt sich die erste Auffassung vor allem auf das Argument, dass es sich bei den Gemeindeordnungen um Landesrecht handelt. Die Länder haben jedoch nicht die Regelungskompetenz für Formvorschriften. Diese liegt allein beim Bund, vgl. Art. 72, 74 Nr. 1 GG i. V. m. Art. 55 EGBGB. Daher kann es sich bei den Regelungen der Gemeindeordnung nicht um Formvorschriften handeln. Folglich ist mit der Rechtsprechung des BGH davon auszugehen, dass es sich bei den Regelungen der Gemeindeordnung um Modifizierungen des Vertretungsrechts handelt und daher § 177 Abs. 1 BGB Anwendung findet.

B hat somit als Vertreter ohne Vertretungsmacht gehandelt. Eine Genehmigung der Gemeinde ist nicht ersichtlich. Diese dürfte die Gemeinde im Übrigen auch nicht erteilen, da eine solche Genehmigung gegen den Grundsatz der wirtschaftlichen Haushaltsführung verstoßen würde. Somit bleibt es bei der Regelung des § 179 BGB, welcher allein Ansprüche gegen den Vertreter normiert. Ansprüche gegen die scheinbar Vertretene, also G, scheiden hingegen aus.

c) Zwischenergebnis

Folglich bestehen keine vertraglichen Ansprüche gegen G.

2. §§ 31, 89 BGB

Weiterhin ist nun zu prüfen, ob S ein Anspruch gegen G auf Zahlung von 1,2 Mio. EUR aus §§ 31, 89 BGB, so genannte Organhaftung, zusteht. § 31 rechnet einer juristischen Person (hier: G) das deliktische Handeln ihres Organs zu. Eine Exkulpationsmöglichkeit wie bei § 831 BGB besteht nicht.

a) Tatbestand

Voraussetzung für den Anspruch aus §§ 31, 89 BGB ist, dass ein Organ bei der Ausführung der ihm zustehenden Verrichtungen, eine zum Schadensersatz verpflichtende Handlung gegenüber einem Dritten vornimmt. Vorliegend ist B als Bürgermeister Organ der G. Die Verhandlungen bezüglich der Übernahme von Sicherheiten bezüglich der Realisierung von Bauprojekten stellen auch Tätigkeiten dar, welche in den Aufgabenbereich eines Bürgermeisters fallen, also Verrichtungen i. S. d. § 31 BGB.

Weiterhin müsste B auch eine zum Schadensersatz verpflichtende Handlung vorgenommen haben. Vorliegend hat B die S darüber getäuscht, dass der Rat der Übernahme der Bürgschaft zugestimmt hat. Dadurch hat er S zu einer Vermögensverfügung gebracht, aus der nun auch ein Vermögensschaden resultierte. Da B auch vorsätzlich handelte, hat er sich wegen Betrugs zum Nachteil der S strafbar gemacht. Dies stellt eine zum Schadensersatz verpflichtende Handlung dar, vgl. § 823 Abs. 2 BGB i. V. m. § 263 StGB.

Hiergegen wird teilweise eingewandt, der **Schutzzweck der Kompetenzregelungen** stehe einer Haftung der Gemeinde entgegen. Kompetenzregelungen vermögen die Körperschaft aber nicht von der Haftung zu befreien, wenn Organe im Zuge rechtsgeschäftlicher Betätigung, zu der sie mitberufen sind, dem Geschäftspartner Schaden zufügen, solange der Grund für das Einstehen nicht in einer rechtsgeschäftlichen Bindung an die Erklärung liegt, sondern sich die Haftung auf einen Verstoß gegen die deliktische, außervertragliche Verhaltensordnung gründet, mag der Verstoß auch im Rahmen rechtsgeschäftlicher Betätigung durch Manipulation mit der Kompetenzregelung erfolgen. Insoweit gilt für juristische Personen des öffentlichen Rechts nichts anderes als für solche des Privatrechts mit entsprechenden Beschränkungen der Befugnisse ihrer Organe[28]. Folglich ist der Tatbestand des §§ 31, 89 BGB grundsätzlich erfüllt.

b) Rechtsfolge

Als Rechtsfolge bestehen somit Schadensersatzansprüche der S gegen die Gemeinde. Diese umfassen das negative Interesse.

> **Klausurhinweis:** Vorliegend ist zwischen dem positiven Interesse und dem negativen Interesse zu unterscheiden. Das positive Interesse geht auf Erfüllung, während beim negativen Interesse der Anspruchsinhaber so gestellt werden muss, als hätte er nie von dem Geschäft gehört.

---

[28] BGH NJW 1986, 2939, 2940 f.

II. Ansprüche gegen B

Zu prüfen sind ferner Ansprüche der S gegen B.

1. § 823 Abs. 2 BGB i. V. m. § 263 Abs. 1 StGB

Zunächst könnte der S ein Anspruch gegen B auf Zahlung von 1,2 Mio. EUR aufgrund von § 823 Abs. 2 BGB i. V. m. § 263 Abs. 1 StGB zustehen. Hierfür müsste B einen Betrug begangen haben. Vorliegend hat B durch Vorspiegelung falscher Tatsachen bei dem zuständigen Sachbearbeiter der S einen Irrtum erregt, nämlich dass der Rat der Bürgschaft zugestimmt habe. Aufgrund dessen kam es zu einer Vermögensverfügung und einem entsprechenden Schaden, wobei B vorsätzlich und mit Drittbereicherungsabsicht handelte. Daher hat S einen Anspruch auf Zahlung von 1,2 Mio. EUR gegen B gem. § 823 Abs. 2 BGB i. V. m. § 263 Abs. 1 StGB.

2. § 826 BGB

Ferner besteht auch ein Anspruch der S gegen B gem. § 826 BGB, da B die S vorsätzlich sittenwidrig geschädigt hat.

> **Klausurhinweis:** Es handelt sich um eine öffentlich-rechtliche Klausur. Daher sind umfängliche Ausführungen zu zivilrechtlichen Ansprüchen verfehlt. Ein weiterer Grund, die Schwerpunkte bei den Ansprüchen gegen G zu setzen, ist die wirtschaftliche Werthaltigkeit der Ansprüche. Denn kaum ein Bürgermeister wird in der Lage sein, 1,2 Mio. Euro aufzubringen, so dass der Anspruch gegen B faktisch wertlos sein wird. Daher hat die klagende Bank in der Originalentscheidung[29] auch die Ansprüche gegen die Gemeinde bis zum BGH hin verfolgt, obwohl sie die Ansprüche gegen den Bürgermeister bereits in erster Instanz zugesprochen bekommen hatte.

III. Ergebnis

Folglich stehen S sowohl Ansprüche gegen B als auch gegen G zu. Diese haften als Gesamtschuldner, § 426 Abs. 1 BGB.

---

[29] BGH NJW 1986, 2939.

Fall 10: Rauswurf aus der Fraktion

▸ **Standort:** Rechtsschutz gegen Ausschließung aus Fraktion, Reform von § 56 GO NRW, Eilrechtsschutz, Anforderungen an wichtige Gründe für Fraktionsausschluss.

Nach langem und aufwendigem Wahlkampf ist es Robert (R) endlich gelungen, in den Rat der Gemeinde G gewählt zu werden, da er in einem nervenaufreibenden Kopf an Kopf Rennen mit einem Konkurrenten am Ende wenige, aber entscheidende Stimmen mehr gewinnen konnte. Hierüber hat sich R besonders gefreut, da er nur einen sehr schlechten Listenplatz auf der Liste seiner Partei, der X-Partei, hatte. Die X-Partei gilt als sehr konservativ.

Hoch motiviert nimmt R die Arbeit auf. Er schließt sich alsbald mit weiteren, ebenfalls der X-Partei angehörenden Ratsmitgliedern zur X-Fraktion zusammen. Eine Fraktionssatzung besteht nicht.

Die Arbeit im Rat gestaltet sich jedoch schwieriger als erwartet. R, der immer Idealist war, ist enttäuscht davon, dass sich nahezu alle Entscheidungen im Rat letztlich als Kompromisse herausstellen. Nach Ansicht von R sind die jeweils beschlossenen Maßnahmen viel zu halbherzig, um das Leben in G für die Einwohner spürbar verbessern zu können.

Zum Jahresende tagt die X-Fraktion wie immer am ersten Montag im Monat. Diskutiert wird über eine Neugestaltung des Spielplatzes. Dieser lag R schon immer am Herzen. Im Rahmen des Gesprächs stellt sich jedoch raus, dass aus politischen Gründen die Neugestaltung des Spielplatzes auf unbestimmte Zeit verschoben werden soll, um so zu einem Kompromiss mit der Autofahrerpartei bzgl. des Baus einiger neuer Parkplätze kommen zu können. Hierfür setzt sich vor allem Michael (M) ein. Daraufhin platzt R der Kragen. Er wirft sein Bierglas nach M, der ihm schon immer aufgrund seines Opportunismus ein Dorn im Auge war. Leider trifft das Glas M dermaßen unglücklich am Kopf, dass er mit 5 Stichen genäht werden muss und eine leichte Gehirnerschütterung davonträgt. Als R sieht, was er angerichtet hat, verlässt er fluchtartig die Sitzung.

Eine Woche später, am 14.12., bekommt R Post von seiner Fraktion. Er wird gebeten, am folgenden Tag, dem 15.12., zu einer außerordentlichen Sitzung der X-Fraktion zu erscheinen. Hierbei soll er aufgrund der Verletzung des M die Möglichkeit zur Stellungnahme erhalten. Anschließend soll über die Konsequenzen beraten werden. Es wird im Schreiben vom 14.12. ausdrücklich darauf hingewiesen, dass auch ein Fraktionsausschluss erwogen wird.

R findet den Termin zwar sehr kurz bemessen, erscheint jedoch pünktlich zu dem Gespräch. Es sind alle Fraktionsmitglieder ordnungsgemäß geladen worden und erschienen. M trägt immer noch einen dicken Verband am Kopf. Neben den Mitgliedern der Fraktion nimmt auch ein Landesdelegierter der X-Partei an der Sitzung teil, um den Vorstand der X-Partei informieren zu können. Er bleibt dann auch während der ganzen Sitzung im Raum, beteiligt sich jedoch in keiner Form an der Sitzung. Zunächst wird R Gelegenheit gegeben, sich zu dem Angriff auf M zu äußern.

Hierzu merkt R nur an, dass dies M ganz recht geschehen sei. Vielleicht denke er in Zukunft einmal an die Kinder auf dem Spielplatz, denen aufgrund des schlechten Zustands des Klettergerüsts ähnliche Verletzungen drohten. Entschuldigen möchte sich R nicht. Vielmehr fängt er an, M zu beschimpfen. Nachdem R mehrfach zur Ruhe gerufen wurde, beruhigt er sich wieder. Anschließend stimmen die Mitglieder der X-Fraktion, R inklusive, über den Ausschluss des R ab. Bis auf R stimmen alle Fraktionsmitglieder für den Ausschluss, wobei der Landesdelegierte nicht an der Abstimmung teilnimmt. Daraufhin verlässt R wütend die Sitzung.

Zwei Tage später erhält R erneut Post von der X-Fraktion. In dieser wird ihm der Ausschluss mitgeteilt und mit der Verletzung des M sowie seinem uneinsichtigen Verhalten begründet.

R ist über die ganzen Ereignisse sehr enttäuscht und verärgert. Trotzdem möchte er seinem Wählerauftrag weiter gerecht werden und die Politik in G mitgestalten. Hierbei möchte R auch nach wie vor Mitglied einer Fraktion sein, da er andernfalls kaum Einfluss nehmen kann.

Aufgrund seines Zerwürfnisses mit der X-Fraktion tritt R daher an die Y-Fraktion heran mit der Bitte, in diese aufgenommen zu werden. Die Mitglieder der Y-Fraktion begrüßen diesen Vorschlag, da „ihnen jeder Mann helfen kann". Der Bürgermeister von G äußert jedoch Bedenken, da zwischen den politischen Zielen und Überzeugungen der X- und der Y-Partei Unterschiede vom „Umfang der Alpen" bestünden. Es ist tatsächlich zutreffend, dass zwischen beiden Parteien grundlegende Unterschiede in nahezu allen politischen Bereichen bestehen.

Zu prüfen ist, ob sich R im Eilrechtsschutz gegen den Ausschluss aus der X-Fraktion mit dem Ziel wehren kann, weiterhin Mitglied der X-Fraktion zu sein. Ferner ist zu prüfen, ob R Mitglied der Y-Fraktion werden kann.

I. Antrag gem. § 123 VwGO
1. VRW (+)
2. Zulässigkeit des Antrags
 a) Statthafter Antrag, § 123 Abs. 1 VwGO
 b) Antragsbefugnis, § 42 Abs. 2 analog (+)
 c) Rechtsschutzbedürfnis (+)
 d) Antragsgegner
 e) Partei- und Prozessfähigkeit
3. Begründetheit
 a) Anordnungsgrund (+)
 b) Anordnungsanspruch (-)
  aa) Ordnungsgemäße Ladung fraglich, jedoch geheilt
  bb) Gewährung von rechtlichem Gehör (+)
  cc) Abstimmung (+)
  dd) Wichtiger Grund (+)
  ee) Verstoß durch Anwesenheit des Landesdelegierten? (-)
 c) Keine Vorwegnahme der Hauptsache
4. Ergebnis
II. Zusammenschluss mit Y-Partei

Der Antrag ist erfolgreich, wenn er zulässig und begründet ist.

I. Antrag gegen die X-Fraktion

1. Verwaltungsrechtsweg

Mangels aufdrängender Sonderzuweisung richtet sich die Eröffnung des Verwaltungsrechtswegs nach § 40 Abs. 1 VwGO. Es müsste sich um eine öffentlich-rechtliche Streitigkeit nichtverfassungsrechtlicher Art handeln. Gestritten wird darüber, ob der Ausschluss des R aus der X-Fraktion rechtmäßig war. Ob dies der Fall ist, richtet sich nach den Normen der GO NRW, insbesondere § 56 GO NRW[30]. Hierbei handelt es sich um eine öffentlich-rechtliche Norm, die als Teil des kommunalen Organisationsrechts ausschließlich kommunale Organe bzw. Organteile berechtigt und verpflichtet. Folglich handelt es sich um eine öffentlich-rechtliche Streitigkeit. Diese ist auch nichtverfassungsrechtlicher Art, da verfassungsrechtlich i. S. d. § 40 Abs. 1 VwGO staats- und nicht kommunalverfassungsrechtliche Streitigkeiten meint. Da auch keine abdrängende Sonderzuweisung ersichtlich ist, ist der Verwaltungsrechtweg gem. § 40 Abs. 1 VwGO eröffnet.

2. Zulässigkeit

Der Antrag des R müsste zulässig sein.

a) Statthaftigkeit

Fraglich ist zunächst die statthafte Antragsart. Diese richtet sich nach dem Begehren des Antragstellers, § 88 VwGO analog. R möchte weiterhin Mitglied der X-Fraktion sein und an den Veranstaltungen der X-Fraktion teilnehmen.

Im vorläufigen Rechtsschutz ist gem. § 123 Abs. 5 VwGO der Erlass einer einstweiligen Anordnung subsidiär zu einem Antrag gem. § 80 Abs. 5 VwGO. Als Faustformel kann hier auf die Statthaftigkeit im Hauptsacheverfahren abgestellt werden; im Fall einer Anfechtungsklage wäre also § 80 Abs. 5 VwGO, sonst § 123 VwGO einschlägig. Vorliegend geht es R darum, sich gegen den Ausschluss aus der X-Fraktion zu wehren. Im Hauptsacheverfahren wäre eine **allgemeine Leistungsklage** statthaft, also ist § 123 VwGO einschlägig.

---

[30] Der Rechtsstatus von Fraktionen wird in anderen Bundesländern in folgenden Normen geregelt: § 32 **BbgKVerf**, § 36a **HGO**; § 57 **NKomVG**; § 30a GO **RhPflz**; § 35a **SächsGemO**; § 25 **ThürKO**; § 32a GO **SchleswHol**; § 44 KVG **LSA**. In Bayern, dem Saarland, Mecklenburg-Vorpommern und Baden-Württemberg bestehen keine ausdrücklichen Regelungen bezüglich Fraktionen in den Gemeindeordnungen.

Hinweis: Für eine Verpflichtungsklage fehlt es an der VA-Qualität der Teilnahme an den Fraktionssitzungen, da es sich hierbei um einen Realakt handelt.

Maßgeblich ist es für ihn, weiter an den Fraktionssitzungen teilnehmen zu dürfen. Er möchte den Status wiederherstellen, der vor seinem Ausschluss bestand. Daher handelt es sich um eine **Regelungsanordnung**, da nicht der status-quo erhalten, sondern wiederhergestellt werden soll.

b) Antragsbefugnis, § 42 Abs. 2 VwGO analog

Weiterhin müsste R eine mögliche Verletzung eigener Rechte darlegen. Hierbei ist zu beachten, dass es nur auf seine organschaftlichen Rechte als Fraktionsmitglied ankommt. Vorliegend erscheint eine Verletzung des R in seinen Rechten aus § 56 GO NRW nicht von vornherein ausgeschlossen, so dass die Antragsbefugnis gegeben ist.

Klausurhinweis: Vorliegend handelt es sich um eine Fraktion auf **kommunaler Ebene**. Das Problem des Fraktionsausschlusses kann sich selbstverständlich auch auf **Bundesebene** stellen. Soweit dies der Fall ist, wird von einer Mindermeinung in der Literatur die Antragsbefugnis des ausgeschlossenen Fraktionsmitglieds abgelehnt, da der aus einer Fraktion ausgeschlossene Abgeordnete der Sache nach ein Recht auf Verbleib in der betreffenden Fraktion geltend macht, dieses jedoch vom verfassungsrechtlichen Status des Abgeordneten (im Sinne der bundesrechtlichen Regelungen des Art. 38 Abs. 1 Satz 2 GG) nicht gewährleistet werde (Ipsen, NVwZ 2005, 361, 363).

Dieser Ansicht wird zu Recht entgegengehalten, dass mit dem Ausschluss aus einer Fraktion in den um die Fraktionsmitgliedschaft „angereicherten" Status eines Abgeordneten eingegriffen und dieser geschmälert wird. Die Möglichkeit, eine Fraktion zu bilden und in ihr mitzuarbeiten, verändert die Wirkungsmöglichkeit des Einzelnen nicht unerheblich.

Da es sich im vorliegenden Fall um einen Ausschluss auf Kommunalebene handelt, ist im Rahmen der Klausur auf das Problem nicht einzugehen. Eine gute Klausur zeichnet sich durch die richtige Schwerpunktsetzung aus, was auch bedeutet, einen Streit nicht in die Klausur „hineinzuzwingen".

c) Allgemeines Rechtsschutzinteresse

Zu prüfen ist das allgemeine Rechtsschutzinteresse des R. Dieses könnte zweifelhaft sein, da R alsbald Verhandlungen mit der Y-Fraktion aufgenommen hat. Daher könnte man annehmen, dass er ohnehin kein Interesse mehr daran hat, in der X-Fraktion zu bleiben. Gleichwohl reichen politische Verhandlungen nicht aus, das Rechtsschutzbedürfnis entfallen zu lassen, da sonst in ähnlichen Fällen eine klare Abgrenzung kaum möglich wäre.

d) Antragsgegner

Fraglich ist der Antragsgegner. Dies ist im Rahmen eines Kommunalverfassungsstreits das Organ bzw. der Organteil, dessen Maßnahme gerügt wird. Daher ist die X-Fraktion richtiger Antragsgegner.

e) Beteiligten- und Prozessfähigkeit

Die Beteiligtenfähigkeit der X-Fraktion ergibt sich aus § 61 Nr. 2 VwGO. Die Beteiligtenfähigkeit des R folgt aus § 61 Nr. 2 VwGO analog, da der Wortlaut des § 61 Nr. 2 VwGO direkt nur Vereinigungen erfasst[31].

Die Prozessfähigkeit folgt für R und die X-Fraktion aus § 62 Abs. 3 VwGO, wobei die X-Fraktion einem Fraktionsmitglied für den Prozess eine Prozessvollmacht erteilen muss.

3. Begründetheit

Der Antrag ist begründet, wenn sich aufgrund einer summarischen Prüfung ergibt, dass der Ausschluss des R aus der Fraktion rechtswidrig war. Ferner müsste R einen Anordnungsgrund glaubhaft machen.

---

[31] Vgl. auch die Ausführungen auf Seite 67.

> **Beachte:** Da es sich bei einem Antrag auf Erlass einer einstweiligen Anordnung gem. § 123 VwGO um ein Eilverfahren handelt, trifft das Gericht seine Entscheidung auf der Grundlage einer **summarischen Prüfung**. Im Rahmen einer summarischen Prüfung können nur präsente Beweismittel verwertet werden, um Zeitverzögerungen durch das Herbeischaffen von Beweismitteln zu vermeiden. Das Gesetz spricht hier von der Glaubhaftmachung (§ 123 Abs. 2 VwGO i.V.m. § 920 Abs. 2 ZPO). Der genaue Umfang der Überprüfung steht im pflichtgemäßen Ermessen des Gerichts und richtet sich nicht zuletzt nach den möglicherweise betroffenen (Grund-) Rechten. Im Rahmen einer Klausur wird selbstverständlich eine vollumfängliche Prüfung vorgenommen.

a) Anordnungsgrund

R macht seine Rechte im Verfahren einer einstweiligen Anordnung geltend. Daher müsste er einen Anordnungsgrund glaubhaft machen, dem Gericht also die besondere Eilbedürftigkeit seines Anliegens darlegen. Dies ist dann gegeben, wenn es dem Antragsteller unter Berücksichtigung seiner und der Interessen anderer Personen nicht zugemutet werden kann, eine Entscheidung in der Hauptsache abzuwarten.

Dies könnte sich vorliegend aus der Vereitelung seiner Mitwirkungsmöglichkeiten in der Fraktion ergeben. Bis zu einer Hauptsacheentscheidung würden vorliegend mindestens mehrere Monate vergehen. In dieser Zeit stellt es für R einen wesentlichen Nachteil dar, wenn er bis zur rechtskräftigen Entscheidung der Hauptsache zu Unrecht von der Mitwirkung bei der fraktionsinternen Willensbildung ausgeschlossen wäre, weil er als fraktionsloser Kommunalvertreter nur eingeschränkt Einflussmöglichkeiten im Gemeinderat und seinen Ausschüssen hat. Daher liegt ein Anordnungsgrund vor[32].

b) Anordnungsanspruch

Ein Anordnungsanspruch bestünde, wenn der Ausschluss aus der Fraktion rechtswidrig gewesen wäre. Demokratisch-rechtsstaat-

---

[32] OVG Berlin, NVwZ 1998, 197, 198; strenger ist hier das OVG Münster, vgl. NVwZ 1993, 399, 400, das bei gegebenen Anhaltspunkten für eine Rechtfertigung des Ausschlusses das Vorliegen eines Anordnungsgrundes abgelehnt hat.

liche Prinzipien verlangen nicht nur, dass Fraktionsmitglieder nicht willkürlich ausgeschlossen werden. Aus dem Rechtsstaatsprinzip folgt vielmehr darüber hinaus das Gebot eines fairen Verfahrens. Denn der Ausschluss aus der Fraktion bedeutet für den Betroffenen, dass ihm die sich aus der Gemeindeordnung ergebenden besonderen Kompetenzen entzogen werden, was zu einer starken Beschränkung der politischen Möglichkeiten führt. Die Rechtsprechung hat daher für Fraktionsausschlüsse Anforderungen entwickelt, die beachtet werden müssen. Andernfalls wäre ein Fraktionsausschluss rechtswidrig.

aa) Ordnungsgemäße Ladung

Über einen Fraktionsausschluss muss im Rahmen einer Fraktionssitzung abgestimmt werden. Damit sich alle Fraktionsmitglieder und vor allem der Betroffene auf die Sitzung vorbereiten können, muss zu dieser ordnungsgemäß geladen werden. Vorliegend erscheint problematisch, dass R erst einen Tag vor der Sitzung zu dieser geladen wurde. Aufgrund der sehr knappen Frist könnte die Ladung daher als nicht mehr ordnungsgemäß betrachtet werden.

Hierbei ist jedoch zu beachten, dass ein Fraktionsausschluss grundsätzlich eine Eil-Angelegenheit ist. Daher können auch kürzere Fristen angesetzt werden. Es kann dem Sachverhalt jedoch nicht entnommen werden, dass die Angelegenheit so dringend war, dass nicht zumindest zwei oder drei Tage zur Vorbereitung hätten gewährt werden können. Daher erscheint es vertretbar, vorliegend eine ordnungsgemäße Ladung abzulehnen. Da R jedoch pünktlich zu der Sitzung erschienen ist und die kurze Ladungsfrist nicht gerügt hat, ist davon auszugehen, dass der Verstoß auf jeden Fall geheilt wurde.

bb) Gewährung von rechtlichem Gehör

Aufgrund der Bedeutung, die ein Fraktionsausschluss für den Betroffenen hat, ist es zwingend erforderlich, dem Betroffenen vorher rechtliches Gehör zu gewähren. Der Betroffene muss angehört und ihm muss Gelegenheit zur Stellungnahme gegeben werden. Ferner sind ihm die Ausschlussgründe schriftlich mitzuteilen. R wurde in der Ladung zur Sitzung darüber informiert, dass über die Verletzung des M gesprochen werden sollte. Das Schreiben wies auch ausdrücklich auf die Möglichkeit eines Ausschlusses hin. In der Sitzung wurden die Vorwürfe mit R besprochen und ihm wurde Gelegenheit zur Stellungnahme gegeben. Somit wurde rechtliches Gehör gewährt.

cc) Abstimmung

Fraglich ist weiterhin, welche Mehrheit für einen wirksamen Fraktionsausschluss nötig ist. Hier wird zum Teil angenommen, dass aufgrund der großen Bedeutung für den Betroffenen eine absolute Mehrheit erforderlich sei, während eine weitere Ansicht auch eine relative Mehrheit als ausreichend ansieht. Ob die zweitgenannte Ansicht vorzugswürdig ist, kann hier offen bleiben, da bis auf R alle Fraktionsmitglieder für den Ausschluss stimmten und somit eine absolute Mehrheit bestand.

dd) Wichtiger Grund

Es müsste auch ein wichtiger Grund für den Ausschluss vorliegen. Zunächst ist die gerichtliche Kontrolldichte zu prüfen. Hierbei ist zu berücksichtigen, dass es sich bei dem Ausschluss um eine fraktionsinterne Maßnahme handelt und daher den Fraktionsmitgliedern ein gewisser Ermessensspielraum zuzubilligen ist.

Wann und unter welchen Voraussetzungen ein Fraktionsmitglied ausgeschlossen werden kann, ist in der Regel nicht im Statut (§ 56 Abs. 2 GO NRW) bzw. der Geschäftsordnung der Fraktion geregelt. Vorliegend existiert keine Fraktionssatzung. Zum Teil wird daher auf Rechtsgrundsätze zurückgegriffen, die im Rahmen der Beendigung von Dauerschuldverhältnissen entwickelt wurden.

Unbestritten ist, dass aus verfassungsrechtlichen Gründen strenge Anforderungen an die Rechtfertigung eines Fraktionsausschlusses zu stellen sind. Daher wird das Vorliegen eines „wichtigen Grundes" gefordert. Ein wichtiger Grund liegt vor, wenn das Vertrauensverhältnis nachhaltig gestört ist und den übrigen Fraktionsmitgliedern die weitere Zusammenarbeit nicht zugemutet werden kann. Der Fraktionsausschluss muss ferner *ultima ratio* sein.

Vorliegend hat R nicht nur soziale Grenzen bei weitem überschritten, sondern sogar eine Straftat begangen (§§ 223, 224 StGB). Dies stellt auch bei einem einmaligen Verstoß bereits eine gravierende Erschütterung des Vertrauensverhältnisses dar. Es erscheint schwer vorstellbar, M zuzumuten, die Zusammenarbeit mit R fortzusetzen. Ferner hat R keine Reue gezeigt. Vielmehr hat R eine Entschuldigung verweigert und M beschimpft. Somit ist das Vorliegen eines sachlichen Grundes anzunehmen, der zum Ausschluss berechtigte.

ee) Anwesenheit von Landesdelegiertem

Schließlich ist noch zu beachten, dass bei der Sitzung ein Landesdelegierter der X-Partei anwesend war, der selber nicht zur X-Fraktion gehört. Fraglich ist, ob dessen Anwesenheit zur Rechtswidrigkeit des Beschlusses führt. Teilweise wird vertreten, dass an einer einen Fraktionsausschluss betreffenden Fraktionssitzung ausschließlich Fraktionsmitglieder teilnehmen dürfen. Die Bildung einer Fraktion erfolge durch übereinstimmende Willenserklärungen der beteiligten Gemeindevertreter. Daher dürften grundsätzlich auch nur die beteiligten Gemeindevertreter, nicht aber sonstige Außenstehende über einen Ausschluss entscheiden, da es sich um eine Entscheidung handelt, die grundsätzlich der Fraktion selbst vorbehalten sei.

Dieser Ansicht, die der VGH Kassel vertreten hat[33], ist entgegenzuhalten, dass die GO NRW grundsätzlich den Ablauf einer Fraktionssitzung zur Disposition der Fraktionsmitglieder stellt[34]. Vorliegend bestand für die Anwesenheit des Delegierten ein sachlicher Grund, da er aus eigener Anschauung dem Vorstand der X-Partei vom Ablauf der Sitzung berichten soll und gerade bezüglich eines Ausschlussverfahrens der persönliche Eindruck wichtig ist. Somit war die Anwesenheit des Delegierten unschädlich.

ff) Zwischenergebnis

Folglich war der Ausschluss gerechtfertigt. Es fehlt an einem Anordnungsanspruch.

c) Keine Vorwegnahme der Hauptsache

Schließlich dürfte es sich bei der Entscheidung nicht um eine Vorwegnahme der Hauptsache handeln, § 123 Abs. 1 S. 2 VwGO. Eine Vorwegnahme der Hauptsache liegt vor, wenn durch die Entscheidung des Gerichts der Antragsteller das gewährt bekommt,

---

[33] VGH Kassel, NVwZ 1992, 506 f.
[34] OVG Münster, DVBl. 1993, 213 ff.

was er nur in einem Hauptsacheprozess erreichen könnte. Vom Grundsatz des Verbots der Vorwegnahme der Hauptsache werden jedoch Ausnahmen zugelassen, u. a. wenn es sich um existentielle Belange des Antragstellers handelt oder wenn die dem Antragsteller drohenden Nachteile irreparabel sind[35]. Es ist anerkannt, dass die einem ausgeschlossenen Fraktionsmitglied drohenden Nachteile hierunter fallen können[36]. Daher würde eine Vorwegnahme der Hauptsache dem Antrag des R nicht entgegenstehen.

4. Ergebnis

Wie vorliegend geprüft, fehlt es an einem Anordnungsanspruch. Daher ist der Antrag auf Erlass einer einstweiligen Anordnung zwar zulässig, jedoch unbegründet und wird daher keinen Erfolg haben.

II. Zusammenschluss mit Y-Fraktion

Fraglich ist, ob R Mitglied der Y-Fraktion werden kann. Grundsätzlich können sich alle Ratsmitglieder zu freiwilligen Fraktionen zusammenschließen. Nach der Neufassung des § 56 Abs. 1 GO NRW ist jedoch weiterhin zwingend erforderlich, dass eine grundsätzliche politische Übereinstimmung der Mitglieder gegeben ist.

Fraktionen fungieren also als „Parteien im Parlament". Daher ist der Zusammenschluss von rein taktisch motivierten Bündnissen von Personen aus entgegengesetzten politischen Lagern unzulässig. Zwischen den politischen Zielen von R und der Y-Partei bestehen in nahezu allen Bereichen erhebliche Differenzen. Auch sind die Bestrebungen eines Zusammenschlusses nicht aufgekommen, um gemeinsame Politik zu betreiben. R ist vielmehr auf der Suche nach einer anderen Fraktion, um die Privilegien des Fraktionsstatus für sich zu erhalten. Die Y-Partei hingegen sieht in R eine Stimme im Rat und verbindet somit ebenfalls politisches Kalkül mit der Aufnahme von R. Da es sich um ein reines Zweckbündnis handelt, ist mangels politischer Übereinstimmung der Beitritt des R zur Y-Fraktion rechtswidrig.

---

[35] Kopp/Schenke, § 123 Rn. 14 f.
[36] OVG Münster, DVBl. 1993, 213 ff.

> **Beachte:** Diese Ansicht wurde so schon vor der Reform der Gemeindeordnung vom OVG Münster vertreten (OVG Münster, DVBl. 2005, 651). Da sich der Gesetzgeber dafür entschieden hat, diese Auffassung im Rahmen der GO-Reform in das Gesetz zu übernehmen, dürfte für eine a. A. zumindest in NRW keine Grundlage mehr bestehen.

▶ Unsere 📖 Skripten 🗒 Karteikarten 🎧 Hörbücher

Zivilrecht

- 📖 Standardfälle **Zivilrecht** f. Anfänger (BGB AT+Kaufrecht)
- 📖 🎧 Standardfälle **BGB AT**
- 📖 🎧 Standardfälle **Schuldrecht**
- 📖 🎧 Standardfälle **Ges. Schuldverhältn.**, §§ 677,812,823
- 📖 🎧 Standardfälle **Sachenrecht** (Mobiliar+Immobiliar)
- 📖 🎧 Standardfälle **Familien- und Erbrecht**
- 📖 🎧 Basiswissen **BGB AT** (Frage-Antwort)
- 📖 🎧 Basiswissen **Schuldrecht AT** (Frage-Antwort)
- 📖 🎧 Basiswissen **Schuldrecht BT** (Frage-Antwort)
- 📖 🎧 Basiswissen **Sachenrecht** (Frage-Antwort)
- 🎧 Basiswissen **Familienrecht** (Frage-Antwort)
- 🎧 Basiswissen **Erbrecht** (Frage-Antwort)
- 📖 Einführung in das **Bürgerliche Recht** (für Anfänger)
- 📖 Studienbuch **BGB AT**
- 📖 Studienbuch **Schuldrecht AT**
- 📖 Einführung **Schuldrecht BT 1** - §§ 437, 536, 634, 670 ff.
- 📖 Einführung **Schuldrecht BT 2** - §§ 812, 823, 765 ff.
- 📖 Einführung **Sachenrecht 1** – Mobiliarsachenrecht
- 📖 Einführung **Sachenrecht 2** – Immobiliarsachenrecht
- 📖 Einführung **Familienrecht**
- 📖 Einführung **Erbrecht**
- 📖 🎧 **Definitionen** für die Zivilrechtsklausur

Strafrecht

- 📖 Standardfälle **Band 1:** für Anfänger
- 📖 Standardfälle **Band 2:** für Fortgeschrittene
- 📖 🎧 Standardfälle **Strafrecht AT** (für Anfänger)
- 📖 🎧 Basiswissen **Strafrecht AT** (Frage-Antwort)
- 📖 🎧 Basiswissen **Strafrecht BT 1** (Frage-Antwort)
- 📖 🎧 Basiswissen **Strafrecht BT 2** (Frage-Antwort)
- 📖 Einführung **Strafrecht AT**
- 📖 Einführung **Strafrecht BT 1** – Vermögensdelikte
- 📖 Einführung **Strafrecht BT 2** – Nichtvermögensdelikte
- 📖 🎧 **Definitionen** für die Strafrechtsklausur

Öffentliches Recht

- 📖 Standardfälle **Staatsrecht 1** – Staatsorganisationsrecht
- 📖 Standardfälle **Staatsrecht 2** – Grundrechte
- 📖 🎧 Standardfälle f. **Anfänger** (StaatsorgaR u. GrundR)
- 📖 Standardfälle **Verwaltungsrecht AT**
- 📖 Standardfälle **Polizei- und Ordnungsrecht**
- 📖 Standardfälle **Baurecht**
- 📖 Standardfälle **Europarecht**
- 📖 Standardfälle **Kommunalrecht**
- 📖 🎧 Basiswissen **StaatsR 1** – StaatsorgaR (Frage-Antwort)
- 📖 🎧 Basiswissen **StaatsR 2** – Grundrechte (Frage-Antwort)
- 📖 Basiswissen **Verwaltungsrecht AT** (Frage-Antwort)
- 📖 Studienbuch **Staatsorganisationsrecht**
- 📖 Studienbuch **Grundrechte**
- 📖 Studienbuch **Verwaltungsrecht AT**
- 📖 Studienbuch **Europarecht**
- 🎧 Hörbuch Basiswissen **Europarecht**
- 📖 Studienbuch **Staatshaftungsrecht**
- 📖 **Verwaltungsrecht AT 1** – VwVfG
- 📖 **Verwaltungsrecht AT 2** – VwGO
- 📖 **Verwaltungsrecht BT 1** – Polizei und Ordnungsrecht
- 📖 **Verwaltungsrecht BT 2** – Baurecht
- 📖 **Verwaltungsrecht BT 3** – Umweltrecht
- 📖 🎧 **Definitionen** Öffentliches Recht

Sozialrecht

- 📖 Einführung **Sozialrecht**

Nebengebiete

- 📖 Standardfälle **ZPO**
- 📖 🎧 Standardfälle **Handels- & Gesellschaftsrecht**
- 📖 🎧 Standardfälle **Arbeitsrecht**
- 📖 🎧 Basiswissen **Handelsrecht** (Frage-Antwort)
- 📖 🎧 Basiswissen **Gesellschaftsrecht** (Frage-Antwort)
- 📖 🎧 Basiswissen **StPO** (Frage-Antwort)
- 📖 🎧 Basiswissen **ZPO** (Frage-Antwort)
- 📖 Einführung **Handelsrecht**
- 📖 Einführung **Gesellschaftsrecht**
- 📖 Einführung **Arbeitsrecht**
- 📖 Einführung **Kollektives Arbeitsrecht**
- 📖 Einführung **ZPO I** - Erkenntnisverfahren
- 📖 Einführung **ZPO II** - Zwangsvollstreckung
- 📖 Einführung **StPO** - Strafprozessordnung
- 📖 Einführung **IPR** - Internationales Privatrecht
- 📖 Standardfälle **IPR** - Internationales Privatrecht
- 📖 Einführung **Insolvenzrecht**
- 📖 **Gewerblicher Rechtsschutz & Urheberrecht**
- 📖 Einführung **Wettbewerbsrecht**
- 📖 Einführung **Sportrecht**

Karteikarten

- 🗒 **Grundlagen des Zivilrechts**
- 🗒 **BGB Allgemeiner Teil**
- 🗒 **Schuldrecht BT** (§§ 433, 535, 631, 812, 823)
- 🗒 **Schemata Zivilrecht** (AT, SchuldR, SachR, FamR)
- 🗒 **Strafrecht AT**
- 🗒 **Strafrecht BT 1**
- 🗒 **Strafrecht BT 2**
- 🗒 **Streitfragen Strafrecht**
- 🗒 **Staatsorganisationsrecht**
- 🗒 **Grundrechte**
- 🗒 **Verwaltungsrecht AT**
- 🗒 **Schemata Öffentliches Recht**

Die wichtigsten Schemata

- 📖 **Band 1:** Zivilrecht, Strafrecht, Öffentliches Recht
- 📖 **Band 2:** Arbeitsrecht, Handelsrecht, Gesellschaftsrecht, StPO, ZPO

Ratgeber Jurastudium

- 📖 Ratgeber **500 Spezial-Tipps für Juristen** - Wie man geschickt durchs Studium und das Examen kommt

BWL

- 📖 Einführung in die **Betriebswirtschaftslehre**
- 📖 **Organisationsgestaltung & -entwicklung**
- 📖 **Fallstudien** Organisationsgestaltung & -entwicklung
- 📖 **Internationales Management**
- 📖 Wie gelingt meine wiss. **Abschlussarbeit?**
- 📖 **Medienwirtschaft für Mediengestalter**

Assessorexamen

- 📖 Der **Aktenvortrag im Strafrecht**
- 📖 Der **Aktenvortrag im Zivilrecht**
- 📖 **Staatsanwaltl. Sitzungsdienst & Plädoyer**

Irrtümer und Änderungen vorbehalten!

🎧 bedeutet: auch als **Hörbuch** lieferbar!

Bei **niederle-media.de** bestellte Bücher treffen idR *nach 1-2 Werktagen* ein!